Erfolgreiche Gesprächsführung in der Schule

Grenzen ziehen, Konflikte lösen, beraten

Birgit Palzkill
Günter Müller
Eva Schute

Cornelsen

Die Autor_innen

Birgit Palzkill hat mehr als zwanzig Jahre als Lehrkraft, in der schulischen Beratung sowie in der Fort- und Weiterbildung von Lehrkräften gearbeitet.
Schwerpunkte: Qualifizierung von Beratungslehrkräften, Entwicklung schulischer Beratungskonzepte, geschlechterbewusste Pädagogik

Günter Müller ist Leiter eines Schulpsychologischen Dienstes, Psychologischer Psychotherapeut und Supervisor. Er hat langjährige Erfahrung in der Fortbildung von Lehrkräften, insbesondere der Qualifizierung von Beratungslehrkräften.

Eva Schute ist Diplom-Psychologin und Diplom-Sportlehrerin und arbeitet seit 2008 als Schulpsychologin. Zu ihren Arbeitsschwerpunkten gehören neben der Einzelfallberatung die Supervision und Fortbildung von Lehrkräften, u. a. zur Lösungsorientierten Gesprächsführung.

Bildquellen

S. 7: Silhouette © AMATHIEU – Fotolia.com; S. 16, S. 20: Charlotte Gruber, Leverkusen; S. 21: Münzhaufen © msp12 – Fotolia.com; Flipcharts (S. 29–32, 38/39, 61–64, 68): Birgit Palzkill; S. 36: Plan B © Krasimira; S. 41: Gelbe Karte © apops – Fotolia.com; S. 55: Tafel © DOC RABE Media; S. 74: Charlotte Gruber, Leverkusen; S. 79: Hitzige Debatte © K. - P. Adler; S. 86: Charlotte Gruber, Leverkusen; S. 92: Diskussion © AMATHIEU

Kontakt:
Fortbildungsanfragen unter:
Institut für Schulberatung
schule.beratung@t-online.de
Weitere Informationen im Internet auf der Seite des Instituts für Schulberatung von Birgit Palzkill.

Projektleitung: Gabriele Teubner-Nicolai, Berlin
Redaktion: Daniela Brunner, Düsseldorf
Umschlagfoto: Shutterstock.com/bikeriderlondon
Umschlagkonzeption/-gestaltung: Ungermeyer, Berlin
Layout / technische Umsetzung: LemmeDESIGN, Berlin

www.cornelsen.de

4. Auflage, 3. Druck 2024

© 2015 Cornelsen Schulverlage GmbH, Berlin
© 2016 Cornelsen Verlag GmbH,
Mecklenburgische Str. 53, 14197 Berlin

Das Werk und seine Teile sind urheberrechtlich geschützt.
Jede Nutzung in anderen als den gesetzlich zugelassenen Fällen bedarf der vorherigen schriftlichen Einwilligung des Verlages.
Hinweis zu §§ 60a, 60b UrhG: Weder das Werk noch seine Teile dürfen ohne eine solche Einwilligung an Schulen oder in Unterrichts- und Lehrmedien (§ 60b Abs. 3 UrhG) vervielfältigt, insbesondere kopiert oder eingescannt, verbreitet oder in ein Netzwerk eingestellt oder sonst öffentlich zugänglich gemacht oder wiedergegeben werden.
Dies gilt auch für Intranets von Schulen und anderen Bildungseinrichtungen.

Druck: Esser printSolutions GmbH, Bretten

ISBN 978-3-589-16046-4

Inhalt

Einleitung ... 5

1 Grundlagen ... 7
1.1 Gesprächstypen ... 7
1.2 Wertschätzende Haltung ... 12
1.3 Lösungs- und Ressourcenorientierung ... 12

2 Allgemeines Beratungsgespräch ... 14
2.1 Anlässe ... 14
2.2 Ziele der Lehrkraft ... 15
2.3 Vorbereitung des Gesprächs ... 15
2.4 Gesprächsphasen ... 16
2.5 Nachbereitung ... 20
2.6 Leitfaden ... 22

3 Entwicklungsgespräch und Lernberatung ... 25
3.1 Anlässe ... 25
3.2 Ziele der Lehrkraft ... 25
3.3 Vorbereitung des Gesprächs ... 26
3.4 Gesprächsphasen ... 27
3.5 Nachbereitung ... 34
3.6 Gelingensbedingungen ... 35
3.7 Leitfaden ... 37

4 Kritikgespräch ... 40
4.1 Anlässe ... 40
4.2 Ziele der Lehrkraft ... 43
4.3 Vorbereitung des Gesprächs ... 43
4.4 Gesprächsphasen ... 44
4.5 Nachbereitung ... 47
4.6 Leitfaden ... 48

5 Informationsgespräch ... 50
5.1 Anlässe ... 50
5.2 Ziele der Lehrkraft ... 51
5.3 Vorbereitung des Gesprächs ... 51
5.4 Gesprächsphasen ... 53
5.5 Nachbereitung ... 54
5.6 Leitfaden ... 56

6 Konflikt- und Vermittlungsgespräch ... 58
6.1 Anlässe ... 58
6.2 Ziele der Lehrkraft ... 59
6.3 Vorbereitung des Gesprächs ... 59
6.4 Gesprächsphasen ... 60
6.5 Gelingensbedingung: Kränkungen verstehen und anerkennen ... 65
6.6 Leitfaden ... 67

7 Elterngespräche ... 69
7.1 Eltern und Lehrkräfte – es ist nicht immer leicht ... 69
7.2 Vorbereitung eines Elterngesprächs ... 70
7.3 Gesprächsphasen ... 72
7.4 Nachbereitung ... 78
7.5 Umgang mit Beschwerden ... 78
7.6 Umgang mit persönlichen Vorwürfen und Angriffen ... 80
7.7 Überbringen schlechter Nachrichten ... 80
7.8 Leitfaden ... 83

8 Stolpersteine 85

8.1 „Zwischen Tür und Angel"– Gespräche ohne Plan 85
8.2 „Nur mal reden" – Gespräche ohne Zielklärung 86
8.3 „Große Sprünge statt kleiner Schritte" – Gespräche ohne Geduld 87
8.4 „Reden ist Silber, Handeln ist Gold" – Gespräche ohne Folgen .. 87
8.5 „Wenn Reden nicht ankommt" – Gespräche als ungeeigneter Zugang 89

9 Kollegiale Fallberatung 90

9.1 Anlässe 90
9.2 Ziele 90
9.3 Grundsätze 91
9.4 Organisatorische Bedingungen ... 91
9.5 Kommunikationsregeln 92
9.6 Ablaufstruktur 92
9.7 Leitfaden 98

10 Vorlagen 99

10.1 Techniken der Gesprächsführung 99
10.2 Dokumentation von Gesprächen . 107
10.3 Vorbereitung von Elterngesprächen 109

Glossar 115

Literatur 120

Einleitung

Professionelle Gesprächsführung wird in der Schule immer bedeutsamer. Als Lehrkraft führen Sie täglich eine Vielzahl von Gesprächen: Gespräche mit Kindern und Jugendlichen, Unterrichtsgespräche, Pausengespräche, Gespräche mit anderen Lehrkräften, Gespräche mit Eltern, Gespräche am Elternsprechtag und am Telefon, Gespräche mit dem Jugendamt ... Diese Gespräche nehmen viel Zeit und Energie in Anspruch und stellen bisweilen eine erhebliche Belastung dar. Dabei können sich Lehrkräfte ihr Leben sehr erleichtern, wenn sie einige wichtige Grundregeln professioneller Gesprächsführung beachten. Dies haben wir in den letzten 15 Jahren, in denen wir Lehrkräfte darin ausgebildet haben, Gespräche in der Schule professionell zu führen, immer wieder erfahren dürfen.

Mit diesem Buch wollen wir unsere Erfahrungen weitergeben. Es ist ein Buch aus der Praxis für die Praxis. Es soll Hilfestellung geben, um Gespräche in der Schule zielgerichteter, entspannter und sicherer führen und dabei Konflikte und Belastungen minimieren zu können.

Beraten gehört zu den Grundaufgaben aller Lehrkräfte. Im Unterschied zu Psychologinnen und Sozialarbeitern, die in Beratungsstellen tätig sind, ist die Beratung für Sie als Lehrkraft jedoch nur eine von mehreren Aufgaben neben Unterrichten, Beurteilen und Erziehen. Dies bedeutet, dass Sie an Ihrem Arbeitsplatz in sehr unterschiedlichen Funktionen auftreten: Sie können als Fachkraft Hilfestellung beim Lernen geben, Sie können bei persönlichen oder schulischen Schwierigkeiten beraten, Sie sind aber auch Urteilende, bestimmen mit Ihrer Notengebung über den Schulabschluss und haben die Macht, Sanktionen zu verhängen.

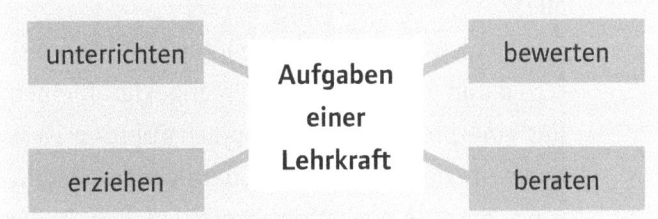

Diese Vielfalt der Funktionen, die Sie als Lehrperson ausüben, hat gravierende Auswirkungen auf die Gesprächsführung. Bitten Sie beispielsweise Eltern zum Gespräch, so ist diesen zunächst in der Regel gar nicht klar, welche Ihrer Funktionen dabei im Vordergrund steht. Geht es darum, dass die Eltern über irgendetwas informiert werden sollen? Hat das Kind oder der Jugendliche gegen Regeln verstoßen und soll dafür bestraft werden? Oder sieht die Schule häusliche oder schulische Probleme, für die den Eltern Hilfen angeboten werden sollen? Je nachdem welche Einstellung die Eltern zur Schule haben, aus welchem kulturellen Hintergrund sie stammen und welche Erfahrungen sie bisher gemacht haben, werden sie eher das eine oder das andere vermuten – ganz unabhängig von den Zielen und Absichten, die Sie mit dem Gespräch verfolgen.

Auch für Sie als Lehrkraft ist es in der Praxis nicht leicht, sich im Gespräch der eigenen Rolle bewusst zu sein. Was heißt es z. B., mit einer Schülerin[1] über deren hohe Fehlzeiten zu reden?

---

[1] Um der Vielfalt der Geschlechter gerecht zu werden und gleichzeitig eine gute Lesbarkeit zu gewährleisten, sprechen wir manchmal von Schülerinnen und manchmal von Schülern. Dies ist beispielhaft zu verstehen. Auch wenn sprachlich nur ein Geschlecht benannt wird, gilt die jeweilige Aussage für alle Geschlechter. In den Fällen, in denen nur ein Geschlecht gemeint ist, wird dies explizit kenntlich gemacht. In gleicher Weise sind Aussagen über Lehrerinnen und Lehrer sowie andere genannte Personengruppen zu verstehen.

Soll die Schülerin über die Anzahl der angesammelten Fehlstunden nur informiert werden? Wollen Sie sie deswegen kritisieren und Sanktionen androhen? Oder wollen Sie herausfinden, was die Ursachen für die hohen Fehlzeiten sind und der Schülerin helfen, ihre persönlichen Probleme zu bewältigen? Oder geht es Ihnen um dies alles?

Nicht wenige Gespräche in der Schule scheitern daran, dass solche Fragen ungeklärt bleiben. Für eine professionelle Gesprächsführung ist es daher in der Schule von überragender Bedeutung, dass Sie sich Ihrer verschiedenen Rollen bewusst sind, dass Sie klären, in welcher Rolle Sie ein Gespräch führen, welche Ziele Sie dabei verfolgen und dass Sie ihre Vorstellungen mit denen Ihres Gegenübers so abgleichen, dass beide Seiten dies in zumindest ähnlicher Weise sehen.

Als Hilfestellung hat sich hierzu die Einteilung in verschiedene Gesprächstypen bewährt, die sich an verschiedene Gesprächsanlässe anlehnen: allgemeines Beratungsgespräch; Entwicklungsgespräch/Lernberatung; Kritikgespräch; Informationsgespräch; Konflikt- und Vermittlungsgespräch.

Jedem dieser Gesprächstypen ist in diesem Buch ein Kapitel gewidmet (Kapitel 2 bis 6). Es werden jeweils typische Anlässe und Ziele beschrieben sowie eine Anleitung zur Vorbereitung gegeben. Danach wird der Gesprächstyp anhand eines Beispiels ausführlich dargestellt. Am Ende jedes Kapitels finden Sie einen Gesprächsleitfaden, der als Grundmuster und Orientierung für einen gelingenden Gesprächsverlauf dienen kann. Er beinhaltet zu jeder Gesprächsphase zentrale Aspekte und Methoden und enthält beispielhafte Formulierungen. Damit Sie die sprachliche Gestaltung an Ihren persönlichen Stil und an die Erfordernisse Ihres Umfeldes anpassen können, finden Sie jeden der Leitfäden als Vorlage, die Sie sich mithilfe der beiliegenden CD ausdrucken und Ihren persönlichen Bedürfnissen entsprechend verändern können.

Gespräche mit Eltern stellen oftmals eine besondere Herausforderung dar, die nicht immer einfach zu bewältigen ist. Auf Spezifika des Elterngesprächs gehen wir in Kapitel 7 gesondert ein. Kapitel 8 beschreibt die unserer Erfahrung nach typischen Stolpersteine in der schulischen Gesprächsführung, und gibt Hinweise darauf, wie Sie diese möglichst weiträumig umgehen können.

Kapitel 9 widmet sich der Beratung unter Lehrkräften. Es wird ein Verfahren vorgestellt, das systematisch dazu anleitet, Lösungsschritte und Handlungspläne in schwierigen Situationen gemeinsam zu erarbeiten.

Wie oben schon erwähnt, ist dies ein Buch aus der Praxis und für die Praxis. Auf die Darstellung der theoretischen Hintergründe und der Einbettung der hier dargestellten Form der Gesprächsführung in den wissenschaftlichen Diskurs haben wir daher in diesem Praxisbuch bewusst verzichtet. Die wichtigsten Fachbegriffe zu der hier vorgestellten Methode der lösungsorientierten Gesprächsführung werden im Glossar (vgl. S. 115 ff.) kurz erläutert. Haben Sie Interesse, sich mit der zugrunde liegenden Theorie intensiver zu beschäftigen, so finden Sie hierzu Anregungen im Literaturverzeichnis.

Die vorgestellten Gesprächstypen und Techniken haben wir in unseren eigenen Gesprächen erprobt und weiterentwickelt. Wir danken allen Kindern und Jugendlichen, Eltern und Lehrkräften für ihr Vertrauen, das sie uns in diesen Gesprächen geschenkt haben. Ihre Offenheit und ihre Resonanz haben es erst möglich gemacht, das hier vorgestellte Konzept zu entwickeln.

Ganz besonderer Dank gilt Katharina Blanke-Gruber, Monika Jostes, Lilian Schalek, Heidi Scheffel und Gisela Wäschle, die das Manuskript gelesen und wertvolle Korrekturen und Hinweise gegeben haben.

1 Grundlagen

Drei Bedingungen sind für das Gelingen und den Erfolg Ihrer Gespräche in der Schule von grundsätzlicher Bedeutung: Ziel- und Rollenklarheit durch Wahl des passenden Gesprächstyps, wertschätzende Haltung sowie Lösungs- und Ressourcenorientierung.

1.1 Gesprächstypen

Der erste Schritt zu einem erfolgreichen Gespräch besteht darin, die eigene Zielsetzung und Rolle zu klären und sich für einen Gesprächstyp zu entscheiden, der dieser Zielsetzung entspricht. Sind Ihre Gesprächsziele eindeutig, so fällt diese Entscheidung leicht. Wollen Sie etwa einem Kind seine Grenzen aufzeigen und ihm klar machen, dass Sie sein Fehlverhalten nicht länger dulden, so führen Sie ein Kritikgespräch. Wollen Sie zwischen verschiedenen Parteien vermitteln, bietet sich ein Konflikt-und Vermittlungsgespräch an. Geht es ausschließlich darum, Informationen weiterzugeben, so wählen Sie den Typus des Informationsgesprächs. Liegt ihr Ziel darin, Lernenden beratend zur Seite zu stehen, so wählen Sie – je nachdem ob es um allgemeine Themen oder um Lernschwierigkeiten geht – den Typus des allgemeinen Beratungsgesprächs oder Sie führen ein Entwicklungsgespräch als Lernberatung durch.

In der Praxis ist die Wahl eines Gesprächstyps allerdings keineswegs so einfach, wie es zunächst erscheinen mag. Denn meist bestehen mehrere verschiedene Optionen, zwischen denen Sie sich entscheiden müssen: Ist es in einer konkreten Situation erfolgsversprechender Sanktionen anzudrohen oder braucht ein Kind eher Beratung? Wollen Sie einer Schülerin Hilfe bei der Bewältigung häuslicher Probleme anbieten oder möchten Sie klarstellen, dass Sie trotz aller persönlichen Probleme ihren schulischen Pflichten nachkommen muss? Oder möchten Sie erst einmal erkunden, was zu den Schwierigkeiten beiträgt, die die Schülerin in letzter Zeit zeigt? Je nach Einschätzung der Gesamtsituation werden Sie diese Fragen anders beantworten und einen anderen Schwerpunkt für das bevorstehende Gespräch wählen. In jedem Fall sollten Sie sich vor dem Gespräch für einen Schwerpunkt entscheiden, selbst dann, wenn Sie nicht sicher sind, ob sich zu einem späteren Zeitpunkt andere Zielsetzungen in den Vordergrund drängen (zum Wechsel des Gesprächstyps siehe Kapitel 8 Stolpersteine).

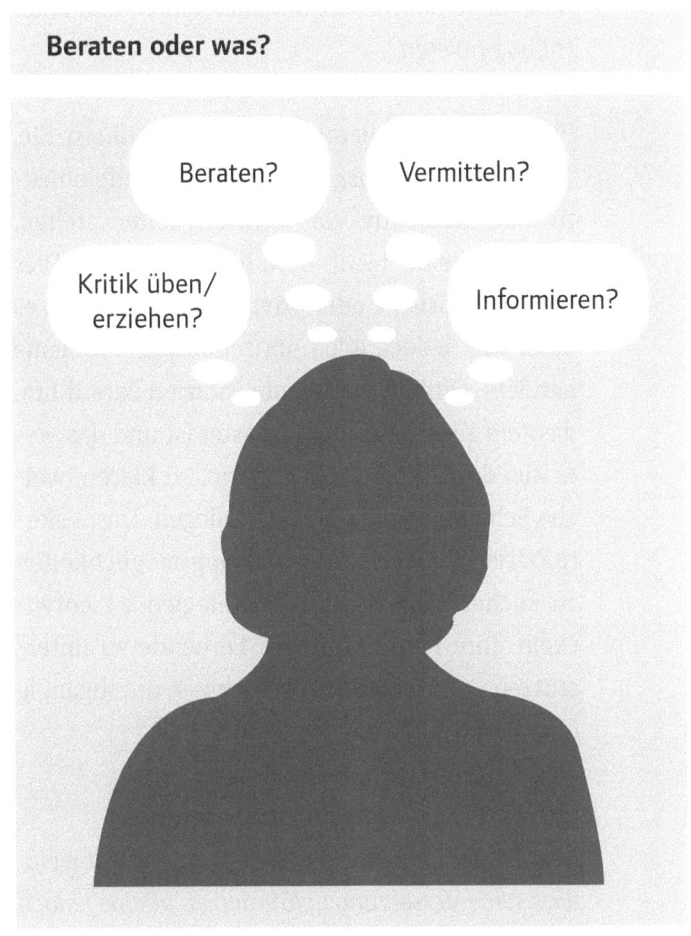

Beraten oder was?

> **Beispiel „Peter"**
> *Peter, Schüler der 9. Klasse einer Realschule, kommt mindestens 3-mal wöchentlich zu spät zur Schule und macht eher selten seine Hausaufgaben. Seine Versetzung ist gefährdet. Bei der Konferenz waren sich die Kolleginnen und Kollegen einig darüber, dass Peter die Versetzung schaffen könnte, wenn er sich etwas mehr für die Schule einsetzen würde. Außerdem gerät Peter immer wieder so heftig mit Johanna in Streit, dass dies die Stimmung in der ganzen Klasse beeinflusst. Der Klassenlehrer, Herr Meyer, übernimmt die Aufgabe, mit Peter ein Gespräch zu führen.*

Allgemeines Beratungsgespräch
Herr Meyer kann sich Peters Verhalten eigentlich nicht erklären. Bisher war Peter stets so zuverlässig und pflichtbewusst wie andere Schüler auch. Herr Meyer vermutet hinter Peters Verhalten Probleme, die dieser alleine nicht bewältigen kann. Herr Meyer möchte die Situation klären und Peter Hilfen anbieten.

Ein allgemeines Beratungsgespräch führen Sie, wenn Sie davon ausgehen, dass Lernende objektiv oder subjektiv vor Schwierigkeiten stehen, die sie alleine nicht bewältigen können. Dies können häusliche oder private Probleme sein, es kann sich jedoch auch um schulische Probleme handeln. Oftmals weisen nur Indizien darauf hin, dass ein Kind besonders belastet ist und das erste Ziel des Gesprächs liegt darin, zu klären, welche Schwierigkeiten genau vorliegen. Das weitere Ziel ist, gemeinsam nach Lösungsmöglichkeiten zu suchen und Handlungsstrategien zu entwickeln. Ihre Funktion ist es, Lernende zu unterstützen und zu beraten. Sie nehmen durchgängig eine Beraterrolle ein.

Entwicklungsgespräch/Lernberatung
Herr Meyer geht davon aus, dass Peter zwar weiß, dass seine Versetzung gefährdet ist, alleine jedoch Schwierigkeiten hat, sein Verhalten zu ändern. Er will Peter seine Hilfe anbieten und gemeinsam mit ihm einen Plan aufstellen, mit dessen Hilfe er seine Leistungen noch so steigern kann, dass die Versetzung gelingt.

Ein Entwicklungsgespräch stellt eine spezielle Form des Beratungsgesprächs dar. Im Unterschied zum allgemeinen Beratungsgespräch ist das Ziel hier in der Regel klar umrissen. Sie wollen einem Kind dabei helfen, sein Arbeits- und Lernverhalten so zu verbessern, dass schulische Ziele erreicht werden. In diesem Sinne handelt es sich beim Entwicklungsgespräch um eine Lernberatung. Es eignet sich v. a. dann, wenn ein Kind sein Potenzial nicht ausschöpft, da es nicht in der Lage ist, seinen Alltag und sein Lernen zu strukturieren. Anlass für diesen Typ des Gesprächs sind häufig drohende Nicht-Versetzung oder die Gefahr, einen eigentlich vorgesehenen schulischen Abschluss nicht zu erreichen. Ihre Funktion beim Entwicklungsgespräch ist es, zu unterstützen und zu beraten. Wie beim allgemeinen Beratungsgespräch nehmen Sie während des gesamten Gesprächs eine Beraterrolle ein.

Kritikgespräch
Herr Meyer geht davon aus, dass Peter seine Grenzen austestet und meint, die Regeln der Schule hätten für ihn keine Gültigkeit und er könne ungestraft das tun, was ihm gefällt. Die Frage der Versetzung nähme er nicht so ernst, nach dem Motto: „Es ist ja bisher immer gut gegangen, das wird schon." Er will Peter klar machen, was in der Schule von ihm erwartet wird und welche Konsequenzen sein Fehlverhalten für ihn hat.

Ein Kritikgespräch führen Sie dann, wenn Sie das Verhalten oder die Einstellung von Lernenden kritisieren, ihnen Grenzen setzen und sie mit erzieherischen Maßnahmen konfrontieren wollen. Dabei nehmen Sie Ihre Rolle als Autorität und Vorgesetzte ein und stellen Ihren Erziehungsauftrag in den Vordergrund.

Informationsgespräch

Herr Meyer geht davon aus, dass Peter seinen Leistungsstand momentan nicht richtig einschätzt, er die Versetzungsordnung nicht kennt und ihm nicht bewusst ist, dass seine Versetzung gefährdet ist. Er nimmt an, dass es ausreicht, Peter die entsprechenden Informationen zu übermitteln und er nach einem solchen „Weckruf" sein Verhalten ändern wird. Er entschließt sich daher, Peter nur darüber zu informieren, in welchen Fächern seine momentanen Leistungen für eine Versetzung nicht ausreichen und welche Leistungssteigerungen in welchen Fächern notwendig sind, um die Versetzung noch zu erreichen.

Beim Informationsgespräch liegt das primäre Ziel darin, Informationen zu übermitteln. Dies können sachliche Informationen sein, wie Aussagen zur Leistungsbewertung oder zu laufbahnrechtlichen Fragen oder Einschätzungen, Prognosen und Interpretationen, die Sie mitteilen möchten. Sie nehmen in diesem Gespräch die Rolle der Fachkraft ein, die aufgrund ihrer fachlichen Autorität Auskunft geben und Aussagen treffen kann.

Konflikt- und Vermittlungsgespräch

Herr Meyer vermutet, dass die ständigen Streitereien zwischen Peter und Johanna der Hauptgrund für die momentanen schulischen Probleme von Peter sind. Er hat sowohl Johanna als auch Peter schon mehrere Male zurechtgewiesen und aufgefordert, ihren Streit nicht in der Klasse auszutragen. Dies hatte jedoch bislang keinen Erfolg. Herr Meyer ist zu dem Schluss gekommen, dass diesem Streit ein Konflikt zugrunde liegt, den beide ohne Hilfe in absehbarer Zeit nicht lösen können. Er möchte zu einer Lösung beitragen und lädt beide zu einem Vermittlungsgespräch ein, das er moderiert.

Geht es um einen Konflikt zwischen verschiedenen Parteien, den diese alleine nicht bewältigen können, der aber die schulische Arbeit beeinträchtigt, so kann ein Konflikt- und Vermittlungsgespräch zur Lösung beitragen. Es gibt inzwischen zahlreiche Schulen, die ein Streitschlichterprogramm eingeführt haben, bei dem Kinder und Jugendliche für die Schlichtung ausgebildet werden und diese Funktion in vielen Fällen selbst übernehmen können. Ist dies nicht möglich, so können Sie als Lehrkraft ein Konflikt- und Vermittlungsgespräch führen. Es ist auch geeignet bei Konflikten auf kollegialer Ebene oder bei Schwierigkeiten zwischen einer Klasse und einer Lehrperson. Sie haben in diesem Gespräch die Funktion zu moderieren und nehmen eine neutrale Vermittlerrolle ein.

Überblick über verschiedene Gesprächstypen in der Schule

	Allgemeines Beratungsgespräch	Entwicklungsgespräch und Lernberatung	Kritikgespräch	Informationsgespräch	Konflikt- und Vermittlungsgespräch
Beispiele für Anlässe	■ Leistungsabfall – Ursache unklar ■ häusliche Probleme	■ gefährdeter Abschluss durch mangelnde Leistungen ■ Schwierigkeiten im Lernverhalten	■ Fehlverhalten (z. B. Schwänzen, wiederholte Regelverstöße)	■ Laufbahnberatung ■ Info zum Leistungsstand ■ Info zu fachlichen Anforderungen ■ Info über Lernstrategien	■ Konflikte zwischen Lernenden oder Konflikte zwischen ihnen und ihren Lehrkräften ■ Konflikte unter Lehrkräften
Mögliche Ziele der Lehrkraft	■ Problemklärung und Handlungsmöglichkeiten erarbeiten	■ Planung der weiteren schulischen Entwicklung ■ Planung konkreter Änderungsschritte zur Verbesserung des Lernverhaltens	■ Kritik aussprechen ■ Grenzen setzen ■ Klärung des erwarteten Verhaltens ■ ggf. Hilfe zur Umsetzung	■ Informationsübermittlung ■ Sachliche Klarheit herstellen ■ Fachliche Hilfe geben	■ Konfliktlösung ■ Verständigung über zukünftiges Verhalten
Funktion und Rolle der Lehrkraft	beraten	beraten	leiten und erziehen	als Fachkraft informieren	moderieren/ vermitteln

Haben Sie selbst Klarheit über den Gesprächstyp und die Rolle gewonnen, die Sie im Gespräch einnehmen werden, so besteht der nächste Schritt darin, sich mit allen am Gespräch Beteiligten hierüber zu verständigen. Haben Sie sich beispielsweise entschieden, dass Sie einem Schüler helfen wollen, sich besser zu organisieren und ihn in einem Entwicklungsgespräch diesbezüglich zu beraten, so hat das Gespräch nur dann Aussicht auf Erfolg, wenn der Schüler Sie als jemanden ansieht, der ihn unterstützen will und auf seiner Seite steht. Sieht der Schüler Sie jedoch primär als eine Autorität, die ihn wegen seiner mangelnden Arbeitshaltung sanktionieren wird, so läuft das Gespräch ins Leere, da beide Beteiligten unterschiedliche Ziele verfolgen. Während Sie an ernsthaften Lösungen interessiert sind, verfolgt der Schüler dann ein ganz anderes Ziel: Er hat primär das Interesse, Sie als mögliche Instanz, die Macht über ihn hat und ihn sanktionieren kann, zu besänftigen und das Gespräch möglichst unbeschadet zu überstehen. Es liegt nahe, dass er sein Ziel dadurch verfolgt, dass er sich Ihre Vorschläge anhört und beteuert, diese in Zukunft zu beherzigen und sich zu bessern. Das Gespräch gerät dabei schnell zu einer Farce, einem Ritual, das vielleicht vordergründig erfolgversprechend erscheint, aber nichts bewirkt.

Es ist daher von elementarer Wichtigkeit spätestens zu Beginn des Gesprächs sicherzustellen, dass auf beiden Seiten Klarheit über den Charakter des Gesprächs und Konsens über die Zielsetzung besteht.

Gesprächstypen am Beispiel Peter

Peter, Schüler der 9. Klasse einer Realschule, kommt mindestens 3-mal wöchentlich zu spät zur Schule und macht eher selten seine Hausaufgaben. Seine Versetzung ist gefährdet. Bei der Konferenz waren sich die Kolleginnen und Kollegen einig darüber, dass Peter die Versetzung schaffen könnte, wenn er sich etwas mehr für die Schule einsetzen würde. Außerdem gerät Peter immer wieder so heftig mit Johanna in Streit, dass dies die Stimmung in der ganzen Klasse beeinflusst. Der Klassenlehrer Herr Meyer bittet Peter zu einem Gespräch.

Allgemeines Beratungsgespräch	Entwicklungsgespräch und Lernberatung	Kritikgespräch	Informationsgespräch	Vermittlungsgespräch
Herr Meyer kann sich Peters Verhalten eigentlich nicht erklären. Bisher war Peter stets so zuverlässig und pflichtbewusst wie andere Lernende auch. Herr Meyer vermutet hinter dem Verhalten von Peter Probleme, die Peter alleine nicht bewältigen kann.	Herr Meyer geht davon aus, dass Peter zwar weiß, dass seine Versetzung gefährdet ist, alleine jedoch Schwierigkeiten hat, sein Lernverhalten zu ändern.	Herr Meyer geht davon aus, dass Peter seine Grenzen austestet und meint, die Regeln der Schule hätten für ihn keine Gültigkeit und er könne ungestraft das tun, was ihm gefällt. Die Frage der Versetzung nähme er nicht so ernst, nach dem Motto: „Es ist ja bisher immer gut gegangen, das wird schon."	Herr Meyer geht davon aus, dass Peter seinen Leistungsstand momentan nicht richtig einschätzt, er die Versetzungsordnung nicht kennt und ihm nicht bewusst ist, dass seine Versetzung gefährdet ist. Er nimmt an, dass es ausreicht, Peter die entsprechenden Informationen zu übermitteln und er nach einem solchen „Weckruf" sein Verhalten ändern wird.	Herr Meyer vermutet, dass die ständigen Streitereien zwischen Peter und Johanna der Hauptgrund für die momentanen schulischen Probleme von Peter sind. Er hat sowohl Johanna als auch Peter schon mehrere Male zurechtgewiesen und aufgefordert, ihren Streit nicht in der Klasse auszutragen. Dies hatte jedoch bislang keinen Erfolg. Herr Meyer ist zu dem Schluss gekommen, dass diesem Streit ein Konflikt zugrunde liegt, den beide ohne Hilfe in absehbarer Zeit nicht lösen können.
Herr Meyer möchte die Situation klären und Peter Hilfe anbieten.	Herr Meyer möchte Peter seine Hilfe anbieten und gemeinsam mit ihm einen Plan aufstellen, mit dessen Hilfe er seine Leistungen noch so steigern kann, dass die Versetzung gelingt.	Herr Meyer will Peter klar machen, was in der Schule von ihm erwartet wird und welche Konsequenzen sein Fehlverhalten für ihn hat. Ggf. will er ihm zusätzlich hierzu Hilfe anbieten.	Herr Meyer will Peter darüber informieren, in welchen Fächern seine momentanen Leistungen für eine Versetzung nicht ausreichen und welche Leistungssteigerungen in welchen Fächern notwendig sind, um die Versetzung noch zu erreichen.	Herr Meyer möchte zu einer Lösung beitragen und lädt beide zu einem Vermittlungsgespräch ein, das er moderiert.

1.2 Wertschätzende Haltung

Der zweite Schritt zu einem erfolgreichen Gespräch ist die Klärung der eigenen Grundhaltung. Denn eine wertschätzende Haltung ist die Basis für jeden Gesprächserfolg.

Sie zeichnet sich einerseits aus durch die grundsätzliche Bereitschaft, die subjektive Wirklichkeit des anderen verstehen zu wollen, sich auf ihn einzulassen und ihm mit Respekt und Wohlwollen zu begegnen. Andererseits gehört hierzu auch die Wertschätzung der eigenen Person, der Mut, eigene Positionen respektvoll zu vertreten, sich abzugrenzen und den eigenen Selbstwert zu schützen.

Es fällt nicht immer leicht, sich eine wertschätzende Haltung zu bewahren, wenn Lernende gegen Regeln verstoßen, den Unterricht stören oder die notwendige Arbeitshaltung vermissen lassen. Auch im Gespräch mit Eltern, die offensichtlich ihre Pflichten als Erziehungsberechtigte vernachlässigen, fällt es bisweilen schwer, Respekt und Wohlwollen aufrechtzuerhalten. Durch ein Gespräch können Sie eine Situation jedoch nur dann positiv beeinflussen, wenn es Ihnen gelingt, Zugang zu Ihrem Gegenüber zu gewinnen, Akzeptanz zu finden und Ihrem Anliegen Gehör zu verschaffen. Eine wertschätzende Haltung ist daher unabdingbar.

Auch in Situationen, die schwierig erscheinen, lassen sich Respekt und Wertschätzung aufbauen, wenn man störendes Verhalten „in einen anderen Rahmen setzt". Diese als **„Reframing"** (siehe Glossar, S. 115 ff.) bezeichnete Technik fußt auf der Annahme, dass in jedem Verhalten – auch in dem negativ zu bewertenden – eine positive Absicht verborgen liegt, ein durchaus anerkennenswertes Ziel, das jedoch mit den falschen Mitteln zu erreichen gesucht wird. So verfolgt eine Schülerin, die ständig als Klassenclown den Unterricht stört, möglicherweise das Ziel, in der Klasse anerkannt zu werden. Ein Schüler, der immer wieder andere verprügelt, hat möglicherweise ein übersteigertes Bedürfnis, sich und andere zu verteidigen.

Wertschätzung bedeutet nicht, Fehlverhalten zu entschuldigen oder gut zu heißen. Es bedeutet vielmehr, das Verhalten einer Person in einem anderen Rahmen zu verstehen, um auf dieser Grundlage Lösungen für Veränderungen zu finden. Dies kann auch dadurch gelingen, dass man das Gute im Schlechten sucht. Denn dieses Gute ist eine Basis für Veränderung: Bei einer Mutter, die erkennbar ungepflegt und möglicherweise sogar angetrunken zu einem Gespräch in der Schule erscheint, bedeutet es, anzuerkennen, dass ihr trotz aller Schwierigkeiten ihr Kind offensichtlich doch so sehr am Herzen liegt, dass sie zu diesem Gespräch erscheint.

Geht man das Gespräch aus diesem Blickwinkel heraus an, so wird es auch möglich, der Mutter als einer eigenständigen Person zu begegnen, die Verantwortung für ihre Situation und die ihres Kindes übernehmen kann, wenn sie hierbei Unterstützung erhält.

Eine wertschätzende Haltung beinhaltet in diesem Sinne auch, sich auf Augenhöhe zu begegnen, die Eigenverantwortung des Gegenübers im Blick zu behalten und sich die eigenen Einflussmöglichkeiten und Grenzen bewusst zu machen.

1.3 Lösungs- und Ressourcenorientierung

„Wir alle verfügen über die inneren Ressourcen, die wir brauchen, um unser Leben erfolgreich zu gestalten und innerlich wachsen zu können."
Virginia Satir

Tritt ein Problem auf, so sind wir es gewohnt, nach Ursachen zu suchen, um diese abzustellen und das Problem damit zu lösen. Im Gespräch mit Lernenden stellen wir dann Fragen wie: „Wieso hast du keine Hausaufgaben gemacht?", „Warum störst du den Unterricht?", „Warum streitest du dich so oft?" In einzelnen Fällen mag dies zu neuen Erkenntnissen führen, aber es hilft nicht unbedingt, Lösungen zu finden. Oft ist das Gegenteil der Fall. Denn wenn Sie nach den Ursachen von Fehlverhalten suchen, so ist dies damit verbunden, dass die Aufmerksamkeit genau auf dieses Fehlverhalten fokussiert wird. Vielleicht hat eine Schülerin sich selbst diese Fragen schon oft gestellt, ohne dass ihr dies geholfen hat, ihr Verhalten zu ändern. Das Kreisen um die Suche nach Ursachen führt ihr dann immer wieder ihre Unzulänglichkeiten und ihr Versagen vor Augen. Die Folge ist, dass sie sich als defizitär und schwach erlebt, was keine gute Basis für die Einleitung von Veränderungsprozessen darstellt, sondern eher die Suche nach Rechtfertigungen und Ausweichmanövern begünstigt.

Die in der lösungsorientierten Therapie entwickelte Gesprächsführung sucht dies zu vermeiden. Hier geht es zunächst darum, das Gegenüber zu verstehen und sich in seine Situation einzufühlen. Sind die momentan empfundenen Schwierigkeiten ausreichend verstanden und gewürdigt, so entwickeln Sie gemeinsam eine Zielvorstellung, bei der die momentanen Probleme überwunden sind. Danach lenken Sie die Aufmerksamkeit systematisch auf das zu erreichende Ziel und auf die Suche nach den Ressourcen, die zur Zielerreichung zur Verfügung stehen. Je mehr sich Lernende vor Augen führen, was in ihrer schulischen Laufbahn und in außerschulischen Zusammenhängen bislang gut verlaufen ist, desto deutlicher können ihnen die Fähigkeiten werden, die sie dabei entwickelt haben. Der Blick auf ihre Stärken und Ressourcen stärkt ihr Selbstvertrauen und ihre Zuversicht, Probleme lösen und Ziele erreichen zu können. Auf dieser Grundlage können Sie gemeinsam mit Lernenden nach Wegen suchen, die eigenen spezifischen Fähigkeiten und Ressourcen für die Lösung des anstehenden Problems zu nutzen.

Fragen regen das eigene Nachdenken und die eigene Aktivität in besonderer Weise an und deshalb haben Fragen einen besonderen Stellenwert. Bei den Fragetechniken des lösungsorientierten Ansatzes handelt es sich dabei um spezielle Frageformen. Die besondere Qualität dieser Fragen besteht darin, dass sie dazu dienen, das Gegenüber zur (Er-)Findung eigener Lösungen anzuregen, um dadurch selbst gesetzte Ziele zu erreichen. Einen Überblick über diese Fragetechniken sowie allgemeine Gesprächsstrategien wie die Vermeidung von Gesprächsblockern und das aktive Zuhören finden Sie im Glossar (vgl. S. 115 ff.). Zudem enthalten die Leitfäden und Vorlagen (Kapitel 10) im Buch und auf der CD zahlreiche Formulierungsvorschläge.

Beachten Sie jedoch, dass Gesprächstechniken sich nur dann förderlich auf Ihre Gespräche auswirken, wenn sie Ihnen und Ihrer inneren Haltung auch entsprechen. Schematisches Anwenden von Gesprächstechniken dagegen wird Ihrem Gegenüber nicht gerecht und kann im Gegenteil verletzend und verstörend wirken. Wir empfehlen Ihnen daher die Vorschläge und Vorlagen als Anregungen zum Experimentieren und Ausprobieren zu verstehen. Je besser es Ihnen gelingt, sich Formulierungen zu eigen zu machen, die Ihrer Person entsprechen und in Ihr schulisches Umfeld passen, desto leichter wird es Ihnen fallen, Ihre Gespräche lösungsorientiert zu führen und desto eher werden Sie Ihre Gesprächsziele erreichen.

2 Allgemeines Beratungsgespräch

2.1 Anlässe

David ist Schüler der 7. Klasse eines Gymnasiums. In der 5. und 6. Klasse hat seine Klassenlehrerin ihn als offenen, freundlichen und leistungsstarken Schüler kennengelernt. Seit Beginn des 7. Schuljahrs fällt mehreren Kollegen auf, dass David sich kaum noch am Unterricht beteiligt und in den Klassenarbeiten schlechtere Noten schreibt. Zudem sieht er blass und erschöpft aus. Keiner der Kollegen kann sich die Veränderung erklären.

Katharina, eine bisher unauffällige Schülerin der 9. Klasse einer Gesamtschule, verhält sich nach den Weihnachtsferien auf einmal ungewohnt aggressiv. Sie wirkt ständig gereizt und gerät immer wieder in Streit mit ihren Mitlernenden. Nachdem sie eine Mitschülerin auf dem Schulhof so heftig geschlagen hat, dass diese ärztlich behandelt werden musste, hat die Schulleitung in Absprache mit der Klassenlehrerin Ordnungsmaßnahmen verhängt. Darüber hinaus soll ein Gespräch mit Katharina geführt werden, um herauszufinden, wie es zu der Verhaltensänderung gekommen ist und was ihr helfen kann.

Im Sportunterricht der 12. Klasse eines Berufskollegs bemerkt die Sportlehrerin an Andreas Unterarmen Narben, die aussehen, als hätte Andrea sich diese selbst zugefügt. Sie berichtet dies der Klassenlehrerin. Diese beschließt, Andrea darauf anzusprechen. Sie will herausfinden, welche Bedeutung die Narben haben und Andrea gegebenenfalls externe Hilfsangebote unterbreiten.

Die Schule ist der Ort, an dem Kinder und Jugendliche – abgesehen von ihrem Zuhause – die meiste Zeit verbringen. Geraten sie in schwierige Situationen, die sie alleine nicht bewältigen können und in denen sie Unterstützung brauchen, so zeigt sich dies oftmals zuerst in der Schule. Es kann sein, dass ein Kind Sie direkt anspricht und von seinen Problemen erzählt. Oftmals weisen aber nur auffällige Verhaltensänderungen oder andere Indizien darauf hin, dass es Lernenden nicht gut geht und sie möglicherweise Hilfe brauchen. Fernbleiben vom Unterricht, aggressives Verhalten, plötzlicher Leistungsabfall, all dies kann sehr unterschiedliche Ursachen haben. Vielleicht hat ein Kind nur eine „schlechte Phase", vielleicht steckt Mobbing dahinter oder Belastungen aus dem außerschulischen Umfeld, Verluste, Konflikte im Elternhaus, Krankheiten etc. Sind Sie unsicher, worin das Problem besteht und was das Kind oder der Jugendliche braucht, um seine Situation zu verbessern, so liegt es nahe, ein Gespräch mit ihm zu führen. In der Grundschule ist es eventuell angezeigt, direkt Kontakt mit den Eltern aufzunehmen. Bei älteren Kindern und Jugendlichen führen Sie in der Regel das Gespräch erst einmal mit dem Kind selbst.

2.2 Ziele der Lehrkraft

Beim Beratungsgespräch steht – wie der Name schon sagt – die Beraterrolle einer Lehrkraft eindeutig im Vordergrund. Die Lehrkraft will Hilfe und Unterstützung anbieten. Ziel ist es, eine problematisch erscheinende Situation zu klären und Handlungsmöglichkeiten zu finden, mit deren Hilfe Schwierigkeiten bewältigt werden können.

2.3 Vorbereitung des Gesprächs

Damit Sie möglichst offen und mit klarem Kopf in das Gespräch gehen können, bedarf es im Vorfeld einiger Klärungen bezüglich der eigenen Beobachtungen, Interpretationen und Gefühle. Geht das Gespräch von Ihnen aus, so sollten Sie sich genau vergegenwärtigen, welche Beobachtungen Sie dazu veranlassen und diese von den Interpretationen und Fantasien trennen, die bei Ihnen ausgelöst wurden. Hat ein Kind zum Beispiel blaue Flecken am Arm, so lässt dies verschiedene Interpretationen zu. Vielleicht ist es hingefallen oder war in eine Prügelei verwickelt. Vielleicht ist es geschlagen worden oder es hat sich einer Schröpfbehandlung beim Heilpraktiker unterzogen. Beobachten Sie einen plötzlichen Leistungsabfall bei einer Schülerin, so können Sie vermuten, dass sie nächtelang mit Computerspielen beschäftigt ist. Es könnte aber auch die Reaktion auf ein traumatisches Erlebnis sein, den Tod der Oma, die Trennung vom Freund ...

Je nachdem, wie gut Sie die betroffene Schülerin kennen und welche eigenen Erfahrungen Sie in Ihrem Leben gemacht haben, liegt die eine oder die andere Vermutung näher. Solche Interpretationen und Vermutungen stellen sich automatisch ein und können durchaus hilfreich sein, allerdings nur dann, wenn Sie sich der Tatsache bewusst sind, dass es sich um ungesicherte Vermutungen handelt. Trennen Sie diese nicht deutlich von den beobachteten Tatsachen, so laufen Sie Gefahr, dass Sie Ihren Blick frühzeitig verengen und der Situation nicht mehr gerecht werden können.

Um einen klaren Blick zu behalten, ist es auch wichtig, dass Sie sich die eigenen Emotionen, die mit der Situation einhergehen, bewusst machen. Ist ein Schüler z. B. durch aggressives Verhalten gegenüber seinen Mitlernenden aufgefallen und stört die Klassengemeinschaft, so sind Sie hierüber vielleicht sehr wütend, da er den Erfolg Ihrer pädagogischen Arbeit bedroht. Vermuten Sie, dass ein Kind zu Hause misshandelt wird, werden Sie vielleicht von Mitleid beherrscht. Glauben Sie, dass ein Kind nachts vor dem Fernseher sitzt, sind Sie vielleicht ärgerlich über die Eltern, die ein Fernsehgerät im Kinderzimmer aufgestellt haben. All diese Gefühle sind sehr verständlich und stellen keinerlei Problem dar, solange Sie sich ihrer bewusst sind und es Ihnen möglich ist, diese mit etwas Abstand zu betrachten. Problematisch sind sie nur dann, wenn sie unbewusst untergründig wirksam werden, den Blick auf die Situation verengen und den Zugang zum Kind erschweren.

Löst das Verhalten einer Schülerin bei Ihnen negative Gefühle wie Wut oder Ablehnung aus, so verändern sich Ihre Gefühle oftmals dann, wenn Sie das Verhalten der Schülerin aus einem anderen Blickwinkel betrachten bzw. es in einen anderen Rahmen stellen. Was hat das Verhalten für einen subjektiven Sinn? Was will die Schülerin damit bezwecken? Welches eigentlich positiv zu bewertende Ziel verfolgt sie dabei – wenn auch mit wenig geeigneten oder sogar nicht akzeptablen Mitteln? Wenn Sie sich diese Fragen stellen, kann eine neue Haltung entstehen. Sie sind dann möglicherweise bereit, sich auf die Welt der Schülerin empathisch einzulassen, um gemeinsam mit ihr nach Wegen zu suchen, die sie ihrem Ziel wirklich näher bringen (siehe Reframing im Glossar, S. 115 ff.).

Für eine wertschätzende und positive Haltung ist es auch von Vorteil, sich zu vergegenwärtigen, was Sie an einem Kind schätzen und welche Stärken es hat. Selbst in einem Verhalten, das sich im schulischen Alltag negativ auswirkt, lassen sich dabei Ressourcen entdecken: In sehr schüchternem und zurückgezogenem Verhalten liegt die Fähigkeit verborgen, sich zurücknehmen zu können. Aggressives Verhalten birgt die Ressource der Durchsetzungsfähigkeit (siehe Wertequadrat im Glossar, S. 115 ff.).

In manchen Fällen ist es jedoch vor allem wichtig, die eigenen Grenzen zu erkennen und anzuerkennen, denn manchmal fällt es trotz aller Bemühungen schwer, eine wertschätzende und zugewandte Haltung zu finden. Dies dürfte beispielsweise dann der Fall sein, wenn Sie schon auf die bloße Anwesenheit eines Kindes mit innerem Groll und Abneigung reagieren, weil Sie sich seit längerer Zeit immer wieder von ihm provoziert und missachtet fühlen. In solchen Fällen sollten Sie kein Beratungsgespräch führen. Sind Sie emotional so betroffen, dass Sie sich nicht empathisch auf ihre Gesprächspartner einstellen können, so ist es sinnvoller, nach einer anderen Lehrkraft Ausschau zu halten, die das Gespräch führt.

Auch aus Sicht des Kindes sollte die Beziehung zu Ihnen so tragfähig sein, dass zumindest die Chance besteht, im Gespräch eine vertrauensvolle Beziehung aufzubauen. Im Vorhinein lässt sich allerdings nicht immer einschätzen, inwieweit ein Kind eine Beratung durch Ihre Person annehmen kann und ob eine Kooperation möglich ist. Vermuten Sie eine sehr ablehnende Haltung des Kindes Ihrer Person gegenüber, so sollten Sie überdenken, ob es andere Lehrkräfte gibt, die eher einen Zugang zu diesem Kind haben und bereit sind, das Gespräch zu führen.

Für das Gespräch sollten mindestens 20 Minuten an einem Ort zur Verfügung stehen, an dem keine Störungen zu erwarten sind. Ideal ist ein eigens für solche Zwecke zur Verfügung stehender Beratungsraum. Alternativ ist ein frei stehender Klassenraum denkbar.

2.4 Gesprächsphasen

Beispiel „Johannes"

Johannes, Schüler der 7. Klasse einer Hauptschule, verhält sich seit etwa zwei Monaten ungewohnt auffällig. In der letzten Woche wurde er vom Deutschlehrer vom Unterricht ausgeschlossen, diesmal weil er seinen Mitschüler Sefa im Unterricht geschlagen hat. Der Deutschlehrer hat die Eltern von Johannes über den Vorfall informiert und weitere Sanktionen verhängt. Sollte sich Ähnliches noch einmal wiederholen, so droht Johannes eine Versetzung in die Parallelklasse. Der Deutschlehrer bittet Herrn Globes, den Beratungslehrer, herauszufinden, was mit dem Jungen los ist, und ihn dabei zu unterstützen, sein Verhalten zu ändern. Herr Globes, zu dem Johannes ein gutes Verhältnis hat, erklärt sich bereit, Johannes zu einem Gespräch einzuladen.

Phase 1: Gesprächsbeginn/Klärungen

Der Einleitungsphase kommt beim Beratungsgespräch eine besonders große Bedeutung zu. Beratung kann nämlich nur dann gelingen, wenn Sie eine vertrauensvolle Beziehung zum Kind aufbauen und seine Bereitschaft zur Kooperation gewinnen. Das Kind muss spüren, dass Sie ihm helfen bzw. ihm beratend zur Seite stehen wollen. Es kann sich auf die Beratung nur dann einlassen, wenn es sich sicher fühlt und nicht damit rechnen muss, belehrt oder sanktioniert zu werden. Da es für Kinder und Jugendliche nicht von vornherein klar ist, in welcher Rolle Sie als Lehrperson ihnen gegenübertreten, müssen sich Lernende auf die Beratungssituation erst einmal einstellen. Es ist daher notwendig, entsprechenden Klärungen zu Beginn ausreichend Zeit einzuräumen. Orientierung gibt es dem Kind, wenn Sie ihm darlegen, was Sie motiviert hat, dieses Gespräch zu führen und was Ihre Zielsetzung dabei ist. Sofern dem nichts entgegensteht, versichern Sie ihm, dass Sie zur Verschwiegenheit verpflichtet sind und nichts unternehmen werden, ohne es mit ihm abzusprechen.

Je besser es Ihnen gelingt, das Kind von Beginn an zu aktivieren und es am Gespräch zu beteiligen, desto eher wird es sich wahrscheinlich ernst genommen fühlen und desto höher ist seine Kooperationsbereitschaft. Sie können das Kind schon zu Beginn des Gesprächs an der Zielformulierung beteiligen, indem Sie selbst sich auf sehr allgemeine Formulierungen beschränken, wie: „Wie kann es gelingen, dass du dich in der Schule wohl fühlst?" oder „..., dass du das Klassenziel erreichst?" Die Konkretisierung legen Sie in die Hände des Kindes. Sie können z. B. fragen, was sich durch das Gespräch verbessern könnte, was hilfreich sein könnte etc.

Sollten Sie den Eindruck haben, dass das Kind sich gezwungen fühlt, mit Ihnen zu sprechen oder es offen zum Ausdruck bringt, dass ihm die Situation unangenehm ist, so können Sie dies ansprechen und ihm Ihr Verständnis für seine Situation vermitteln. Es empfiehlt sich, auch in dieser Situation das Kind aktiv in den Prozess einzubinden, indem Sie ihm eine hypothetische Frage stellen: „Ich weiß, dass du keine Hoffnung hast, dass das hier etwas bringt. Und ich verstehe auch, dass du eigentlich gar nicht mit mir sprechen möchtest. Aber nun sitzen wir die nächsten 20 Minuten hier. Und angenommen, – also nur mal angenommen –, es würde irgendetwas besser dadurch, dass wir hier zusammen reden, was könnte das dann sein? – Also nur mal angenommen, irgendetwas wäre nach unserem Gespräch ein kleines bisschen besser als jetzt ..."

Solange das Kind nicht signalisiert, dass es sich zumindest versuchsweise auf das Gespräch einlassen möchte, kann das Beratungsgespräch nicht fortgesetzt werden.

Nach einer freundlichen Begrüßung beginnt Herr Globes das Gespräch:
L.: *„Ich möchte mit dir sprechen, weil mir daran liegt, dass es dir hier in der Schule gut geht. Wie ich gehört habe, scheint dies momentan nicht der Fall zu sein, da du ziemlich viel Ärger hast."*
S.: *„Das bin ich aber nicht alleine, der Pascal hat letzte Woche auch ..."*
L.: *„Moment. Mir geht es jetzt gar nicht darum, was letzte Woche los war und wer von euch was angestellt hat. Über diese Dinge hast du doch schon mit deinem Deutschlehrer und mit der Schulleiterin gesprochen und deine Eltern wurden auch schon informiert. Darum geht es mir jetzt gar nicht. Ich möchte mit dir nur darüber sprechen, wie alles wieder besser werden kann, was passieren muss, damit es dir hier in der Schule wieder gut geht und du weniger Ärger bekommst. Dabei will ich dir helfen."*
S.: *„Hm."*
L.: *„Inwieweit kannst du dir denn vorstellen, dass unser Gespräch dir dabei helfen kann?*
S.: *„Weiß nicht."*
L.: *„Was könnte denn im besten Fall dabei rauskommen, dass du jetzt mit mir sprichst?"*
S.: *„Weiß nicht."*
L.: *„Du glaubst eher nicht, dass da etwas bei herauskommt."*
S.: *„Hm."*
L.: *„Du bist zumindest sehr unsicher, ob es dir etwas bringt, mit mir zu sprechen. Das kann ich verstehen."*
S.: *„Hm."*
L.: *„Aber angenommen, es käme doch etwas dabei heraus – nur einmal angenommen. – Angenommen, du könntest in 20 Minuten sagen: Na gut, es war nicht ganz sinnlos, mit Ihnen zu sprechen. Was könnte der Gewinn sein?"*
S.: *„Dass ich in der Klasse bleiben kann."*
L.: *„Ja, das wäre wirklich gut. Wie könnte ich dir denn dabei helfen?"*

Allgemeines Beratungsgespräch   17

S.: „Sie könnten Herrn X sagen, dass ich dableiben will."

L.: „Gut, das könnte ich machen, aber meinst du, dass dies das Problem löst?"

S.: „Hm."

L.: „Wenn irgendetwas vorfällt, habe ich wohl keinen Einfluss darauf, was passiert."

S.: „Ja, dann flieg ich."

L.: „Was könntest du denn machen, damit das nicht passiert?"

S.: „Es darf halt nichts mehr vorfallen. Das schaffe ich schon."

L.: „Das ist gut, dass du dir das zutraust. Ich vermute aber, dass du beim letzten Mal nicht vorsätzlich gehandelt hast. Du hattest dir doch sicher vorgenommen, keinen Ärger zu bekommen. Oder?"

S.: „Ja, das stimmt."

L.: „Ich mache dir den Vorschlag, dass wir darüber sprechen, wie du in jedem Fall den Ärger vermeiden kannst. Ich möchte dir gerne dabei helfen. Wir könnten z. B. einen Plan machen, damit du weißt, was du in schwierigen Situationen tun kannst, um keinen Ärger zu bekommen. Mit einem Plan wäre es sicherer."

S.: „Hm."

L.: „Wir können es ja mal versuchen."

S.: „Ja gut, versuchen können wir es mal."

L.: „Gut, dann erzähl doch mal, was los war in der letzten Deutschstunde."

Phase 2: Problemdarstellung

Im nächsten Schritt bitten Sie den Schüler, die Unterrichtssituation aus seiner Sicht darzustellen. Diesen Schritt können Sie dann einleiten, wenn sie den Eindruck haben, dass der Schüler die Beratungssituation mit Ihnen als ausreichend vertrauensvoll erfährt, dass er Bereitschaft zeigt, sich auf das Gespräch einzulassen und Sie mit ihm eine gemeinsame – wenn auch noch allgemein formulierte – Zielsetzung gefunden haben. Ihre Aufgabe ist es in dieser Phase in erster Linie, zugewandt aktiv zuzuhören, interessiert nachzufragen und keine Bewertungen des geschilderten Verhaltens vorzunehmen. Dies stellt ja einen bedeutsamen Unterschied zwischen einem Beratungsgespräch und einem Kritikgespräch dar. So kann das Kind erzählen, ohne befürchten zu müssen, von Ihnen sanktioniert zu werden. Dies kann ihm ermöglichen, seine Sicht der Situation ungeschönt darzulegen. Es geht nicht darum, z. B. in einer Richterrolle die „Wahrheit" herauszufinden, sondern den Schüler darin zu unterstützen, sein zu Beginn formuliertes Ziel zu erreichen und sich in Zukunft so verhalten zu können, dass er weniger Ärger bekommt.

Johannes schildert die Situation im Deutschunterricht. Eigentlich sei er mit Sefa befreundet, und sie spielten zusammen im Fußballverein. Vor einigen Wochen habe es aber einen Streit zwischen ihnen gegeben, weil der Trainer ihn als Stürmer aufgestellt habe und Sefa auf die Ersatzbank musste. Seit dieser Zeit habe Sefa begonnen, ihn zu ärgern. Sefa behaupte, er habe sich beim Trainer eingeschleimt und würde nur aufgestellt, weil er kein Ausländer sei. Er habe zunächst versucht, einfach nicht darauf zu reagieren, wenn Sefa so blöde Sprüche machte, er habe aber einfach nicht aufgehört und immer weitergemacht. Irgendwann habe Sefa dann begonnen, auch in der Schule solche Lügen zu erzählen. Als Sefa ihn in der letzten Woche im Deutschunterricht nicht in Ruhe gelassen habe, sei er so wütend geworden, dass er auf ihn eingeschlagen habe.

Phase 3: Zielklärung und Lösungssuche

Vielleicht erfahren Sie bei dem Bericht eines Kindes von Regelübertretungen anderer Lernender oder von anderen Vorkommnissen, die Ihren Widerspruch herausfordern. Im obigen Beispiel könnte es Sie etwa beschäftigten, dass Johannes anscheinend das Opfer der Anschuldigungen von Sefa ist und man Sefa zur Rede stellen müsste. Damit würden Sie aber ihre Rolle als Berater aufgeben und die Rolle eines Richters annehmen, der entscheidet, wer recht hat und wer im Unrecht ist, und entsprechend sanktionieren.

Vielleicht kommt Ihnen bei einem Schülerbericht auch der Gedanke, dass ein Vermittlungsgespräch zwischen zwei Kontrahenten – im obigen Beispiel zwischen Johannes und Sefa – nötig sei. Dies wäre als ein alternatives Vorgehen durchaus denkbar. Wichtig ist es jedoch, sich immer der Gesprächsform (Beratungsgespräch oder Vermittlungsgespräch, Beratungsgespräch oder Kritikgespräch) und der daraus folgenden eigenen Rolle bewusst zu sein und Unklarheiten und Vermischungen zu vermeiden.

Wenn Sie sich entscheiden, trotz möglicher Alternativen das Beratungsgespräch fortzusetzen, so entscheiden Sie sich damit, weiterhin konsequent in ihrer Beraterrolle zu verbleiben.

Selbstverständlich heißt das nicht, dass Sie jegliches Verhalten eines Schülers billigen. Das Fehlverhalten und die Missbilligung und Sanktion von Fehlverhalten sind in einem Beratungsgespräch jedoch im Gegensatz zu einem Kritikgespräch nicht Gegenstand der Beratung. Voraussetzung für eine Lösungssuche ist vielmehr, dass Sie das Verhalten des Schülers aus seiner Sicht verstehen können, was nicht heißt, damit einverstanden zu sein. Dies bedeutet auch, davon auszugehen, dass dem Verhalten des Schülers eine für ihn sinnvolle Absicht zugrunde liegt. Dies ist nicht gleichbedeutend damit, dieses Verhalten zu entschuldigen oder zu bagatellisieren. Fühlt sich der Schüler in dieser für ihn sinnvollen Absicht verstanden und nicht negativ bewertet, so ermöglicht dies ihm, eine Verhaltensform zu suchen, mit der er für ihn und seine soziale Umgebung verträglicher diese Absicht realisieren kann.

Im weiteren Verlauf des Beratungsgespräches wird deutlich, dass dem Verhalten von Johannes die Motivation zugrunde liegt, sich zu verteidigen. Diese Motivation wird als nachvollziehbar und legitim akzeptiert, sein daraus folgendes bisheriges Verhalten aber als für ihn ungünstig und Ärger bereitend dargestellt. In der Regel wissen Schüler genau, welche ihrer Verhaltensweisen nicht akzeptabel sind, ohne dass Erwachsene ihnen dies immer wieder aufweisen müssen. Fühlen sie sich von Vorwürfen und Anschuldigungen in ihrem Selbstwert angegriffen, beginnen sie nicht selten zu leugnen, sich zu rechtfertigen oder aggressiv zu reagieren.

L.: *„Du bist also jemand, dem es sehr wichtig ist, sich in jedem Fall zu verteidigen."*
S.: *„Ja, genau."*
L.: *„Das ist ja auch wichtig, sich zu verteidigen, wenn man angegriffen wird."*
S.: *„Hm."*
L.: *„Das einzige Problem scheint mir zu sein, wie du dich verteidigst. So wie du das gemacht hast, bekommst du natürlich Ärger."*
S.: *„Allerdings."*
L.: *„Ich schlage vor, dass wir gemeinsam überlegen, wie du dich anders verteidigen kannst, nämlich so, dass du keine Schulregeln verletzt."*
S.: *„Ja, wie soll ich das denn machen, wenn ... ?"*
L.: *„Genau das können wir jetzt überlegen. Okay?"*
S.: *„Ja, gut."*
L.: *„Du schlägst doch nicht immer zu – oder? Wie verteidigst du dich denn, wenn du nicht schlägst?"*

Mithilfe des Beratungslehrers erstellt Johannes eine Liste möglicher Verhaltensalternativen, die aufzeigen, wie er sich auf legale Weise gegen Angriffe seines Mitschülers zur Wehr setzen kann. Johannes wählt zwei Alternativen aus, die ihm am geeignetsten erscheinen. Er möchte sie in den nächsten zwei Wochen ausprobieren und jeden erfolgreichen Versuch in seinem Kalender anstreichen. Darüber hinaus erklärt er sich einverstanden, dass Herr Globes die unterrichtenden Lehrpersonen von Johannes über diesen Plan informiert, damit auch sie ihn in der Realisierung unterstützen können.

Phase 4: Abschluss

Zum Abschluss des Gesprächs fassen Sie die wesentlichen Ergebnisse und Absprachen noch einmal zusammen. Möglicherweise vereinbaren Sie auch eine Aufgabe oder ein Experiment (siehe „Schauspieler-Trick" und „Münz-Trick").

Wichtig ist es, noch einmal die Ressourcen zu betonen und Zuversicht zu geben. Gegebenenfalls vereinbaren Sie einen weiteren Termin oder eine andere Form der Rückmeldung.

Am Ende des Gespräches spricht Herr Globes ein Kompliment aus für die guten Ideen und die Absicht von Johannes, sich sozial verträglicher zu verteidigen. Die Realisierung sei sicher nicht ganz einfach, er traue ihm dies allerdings grundsätzlich zu. Auf Nachfrage von Herrn Globes schätzt Johannes nun die Wahrscheinlichkeit, dass es ihm gelingt, in der Klasse zu bleiben, auf 80 Prozent.

Es wird ein weiterer Termin in zwei Wochen vereinbart, an dem die bis dahin gemachten Erfahrungen reflektiert werden sollen.

2.5 Nachbereitung

Wie intensiv Sie ein Gespräch nacharbeiten, ist von Gespräch zu Gespräch sehr unterschiedlich. Gab es im Verlauf des Gesprächs beispielsweise Anhaltspunkte dafür, dass das Kind zu Hause vernachlässigt wird und möglicherweise von einer Kindeswohlgefährdung ausgegangen werden muss, so ist eine genaue Dokumentation unbedingt notwendig. In einem solchen Fall werden Sie sich mit anderen Lehrkräften beraten und überlegen, welche weiteren Schritte Sie einleiten wollen. In der Regel wird dies jedoch nicht der Fall sein. Bis zu einem weiteren Gespräch werden Sie normalerweise nur das unternehmen, was Sie im Gespräch vereinbart hatten. Im obigen Beispiel etwa, wird Herr Globes die unterrichtenden Lehrkräfte über den Plan von Johannes informieren. Darüber hinaus reicht es aus, wenn Sie in irgendeiner Form Sorge dafür tragen, dass Sie sich später an die Ergebnisse des Gesprächs und die getroffenen Vereinbarungen erinnern können. Vielleicht haben Sie eine Ihnen eigene individuelle Form gefunden, dies festzuhalten. Möglicherweise gibt es auch Absprachen bezüglich der Gesprächsdokumentation an Ihrer Schule. Sie können sich jedoch auch an der Vorlage orientieren, die Sie auf der CD finden.

Der „Schauspieler-Trick" – eine verblüffende Intervention mit großer Wirkung

Sebastian, Schüler der 6. Klasse eines Gymnasiums, schaffte es trotz aller Bemühungen nicht, sich am Unterricht zu beteiligen. Er hatte große Angst, bei falschen Antworten von seinen Mitlernenden ausgelacht zu werden. Nachdem alle Interventionen gescheitert waren, schlug sein Beratungslehrer ihm vor, ab sofort einfach zu akzeptieren, dass er ein ruhiger Typ sei und endlich damit aufhören solle, sich selbst verändern zu wollen. Bei den Schulnoten hätten es lebhafte Typen zwar leichter, da seien ruhige Typen wie er zwar etwas im Nachteil, aber er sei auch so in Ordnung und man müsse diesen Nachteil eben in Kauf nehmen. Was er allerdings einmal ausprobieren könne, sei ein Trick, der sich zwar merkwürdig anhöre, aber schon vielen geholfen habe: der Schauspieler-Trick. Beim Schauspieler-Trick geht ein Schüler nicht als er selbst in den Unterricht, sondern als Schauspieler. Er spielt jemanden, der ganz anders ist, als es der eigenen Person entspricht. Sebastian könne also z. B. jemanden spielen, der sehr mutig ist. Natürlich ändere dies nichts daran, dass er eigentlich sehr ruhig, ja sogar eher ängstlich sei. Er solle ja nur jemanden spielen, der mutig ist. Und wenn jemand lachen sollte, so gehe ihn das gar nichts an, denn er selbst sei ja gar nicht gemeint, sondern nur der Schauspieler. Eine Woche nach dieser Intervention bedankte sich Sebastian für diesen Trick und fügte hinzu: „Ich merke manchmal schon gar nicht mehr, dass ich der Schauspieler bin."

Auch wenn der Schauspieler-Trick nicht immer so erfolgreich ist wie in diesem Beispiel, häufig führt er gerade dann zum Ziel, wenn eine Fixierung auf ein problematisches Verhalten eingetreten ist, wenn eine Situation „festgefahren" und „verkrampft" wirkt und nichts mehr zu helfen scheint. Der „Schauspieler-Trick" hilft, die entstandene Verkrampfung wieder zu lösen, ein spielerisches Element einzuführen, sich von der Problematik zu distanzieren und dennoch eine Veränderung herbeizuführen.

Gerade Kinder und Jugendliche mit eher geringem Selbstvertrauen können diesen „Trick" nutzen, weil er ihnen eine innere Distanz zu ihren Befürchtungen und Zweifeln ermöglicht. Sie sind ja nicht „sie selbst, sondern spielen nur eine Rolle".

Der „Münz-Trick"

Patrick, Schüler der 8. Klasse einer Gesamtschule spielte immer den großen Helden seiner Klasse. Zu seiner Rolle gehörte es, den Unterricht zu stören und möglichst viel Unsinn anzustellen. Er schaffte es nicht, diese Rolle zu verlassen und behinderte damit nicht nur sich selbst, sondern auch alle anderen in seiner Klasse. Alle Erziehungsmaßnahmen waren bislang ebenso gescheitert, wie Gespräche und Beratungen. Schließlich schlug seine Klassenlehrerin vor, ein Spiel auszuprobieren: den Münz-Trick. Patrick sollte morgens vor dem Unterricht eine Münze werfen. Bei Zahl solle er so sein, wie immer, also sich ganz normal benehmen. Er solle an diesen Tagen auf keinen Fall versuchen, sich zu verändern, sondern ganz so sein, wie er nun einmal war. Bei Kopf dagegen, solle er so tun, als sei er ein Musterschüler. Selbstverständlich sei allen klar, dass er das nicht wirklich sei, er solle nur so tun als ob.

Damit wurde Patrick endlich der Druck genommen, sich verändern zu müssen. Der Zufall (Münzwurf) bescherte ihm zahlreiche Tage, an denen er so tun musste, als sei er ein Musterschüler. Die Erfahrungen, die er dabei machte, gefielen ihm so gut, dass er sich unbewusst mehr und mehr in diese Richtung entwickelte.

2.6 Leitfaden Allgemeines Beratungsgespräch

(Kurzleitfaden auf CD)

Phase	Zentrale Aspekte und Methoden	Anmerkungen; beispielhafte Fragen und Formulierungen
Vorbereitung	Charakter des Gesprächs und eigene Zielsetzung klären	Was genau veranlasst mich, das Gespräch zu suchen bzw. welche Anliegen vermute ich, die meinen Gesprächspartner hierzu veranlasst haben? Welche Vermutungen habe ich bezüglich der vorliegenden Problematik? Welche Zielsetzung habe ich für das Gespräch? Ist es mir möglich, meine Beraterrolle in den Vordergrund zu rücken und z. B. meinen erzieherischen Auftrag zurückzustellen?
	Reflexion der Beziehung Klärung der eigenen Rolle und Haltung Eigene Zentrierung/ggf. Reframing	Welches Bild habe ich vom S.? Welche Gefühle habe ich? Ist Empathie möglich? Will der S. mit mir reden? Lässt sich vermutlich Vertrauen herstellen? Wird er voraussichtlich kooperieren wollen?
	Organisation: Zeitrahmen; Raum	Wann? Wie lange? Wo?
Beginn/ Klärungen	Begrüßung Blickkontakt; Freundlichkeit und Ruhe Zeitrahmen benennen Erstes Gesprächsziel benennen bzw. gemeinsam finden Kooperationsbereitschaft aufbauen	Beispiel für eine Kontraktfrage: „Angenommen, dieses Gespräch würde zu einem guten Ergebnis führen. Was könnte das sein?" Zwangssituation ansprechen (z. B.: „Du musstest ja heute zu mir kommen und ich kann mir vorstellen, dass du keine große Lust hast, mit mir zu reden." Oder: „Angenommen dieses Gespräch würde dir etwas bringen, was könnte das sein ...?" Oder: „Was müsste passieren, damit du nicht mehr mit mir hier sitzen musst?").
Problemdarstellung	Empathisch zuhören und verstehen (Aktives Zuhören) Gesprächsförderer (Blocker vermeiden) Verständnisfragen stellen (möglichst offene Fragen, W-Fragen)	„Erzähle einmal, was los war." „Wie ist es dazu gekommen, dass ...?"
Zielklärung und Lösungssuche	Unterstützung bei der Suche nach Lösungen Strukturierung Lösungsorientierte Fragetechniken Ggf. Anregungen geben	**Zielfragen:** „Was kannst du **stattdessen** tun?" „**Wie** wirst du es tun?" „Wenn du einen Punkt auf der Skala besser geworden bist, woran wirst du das merken?" „**Was** wirst du dann **anders** machen?" „Was genau wirst **du** tun?" „Was wirst du tun?" „Wie schätzt du die Wahrscheinlichkeit ein, dass du ...?"

Phase	Zentrale Aspekte und Methoden	Anmerkungen; beispielhafte Fragen und Formulierungen
		„Wann denkst, du bist soweit, dass du deine Hausaufgaben …?" „Wie stark ist deine Hoffnung, dass du das schaffst?" **Fragen nach Ausnahmen:** „Wann hast du dich einmal ganz toll konzentrieren können?" „In welchem Fach ist das anders?" „Wann ist mehr …, wann ist weniger …?" „Was machst du, wenn es besser ist?" „Wie hast du es damals geschafft, eine gute Note in Englisch zu haben?" **Wunderfrage:** „Angenommen, es geschieht diese Nacht ein Wunder – während du schläfst. Und morgen früh ist das Problem gelöst … Woran würdest du das erkennen? … Woran noch? …" **Bewältigungsfragen:** Wie oft hast du beim Fußball schon die rote Karte bekommen? – noch nie? – Wie schaffst du es auf dem Platz, dich an die Regeln zu halten?" „Wie hast du es im letzten Jahr geschafft, dass du …?"; „Was hat dir geholfen bei …?" **„Verschlimmerungsfragen":** „Was müsstest du tun, damit alles noch schlechter wird. Wer sonst müsste dazu was tun?" „Stell dir vor, du wärst mein Trainer und solltest mir beibringen, wie ich es machen könnte, genauso wütend zu werden wie du. Wie könnte ich das schaffen? Was müsste ich über mich denken?" „Was könntest du tun, damit ihr noch mehr Streit miteinander bekommt?" **Anbieten von Alternativen:** „Also, du machst x. Du machst nicht y oder z." „Also, du machst das nicht so, dass du ab und zu eine Pause machst, sondern du lernst 3 Stunden am Stück?" „Manche machen das ja so und so, aber du machst das so?"

Allgemeines Beratungsgespräch

Phase	Zentrale Aspekte und Methoden	Anmerkungen; beispielhafte Fragen und Formulierungen
	Kleine Schritte!	**Konstruktive W-Fragen (Wo, Wer, Wie, Woran; Welche etc.; eher nicht: Warum):** „Was hast du bisher gefunden, was dir geholfen hat?" „Welche Fähigkeit könnte dir helfen, auf der Skala einen Punkt höher zu kommen?" „Was ist seit letzter Woche besser geworden? Wie hast du das geschafft?" „Wie kommst du zu der Annahme, dass ab morgen alles besser wird?"
	Ggf. Realisierbarkeit thematisieren	**Skalierungsfragen:** „Auf einer Skala von 0 bis 10 bedeutet 0, dass gar nichts gelingt. 10 bedeutet: Du hast das Ziel erreicht. Wo stehst du momentan?" „Angenommen, du bist in einer Woche um einen Skalenpunkt gestiegen. Was ist dann anders? Wie hast du das dann geschafft?"
Abschluss	Zusammenfassung der Lösungsideen, Absprachen Eventuell: Aufgabe/Experiment Ressourcen betonen; Verabschiedung	„Ich habe dich jetzt so verstanden, dass du ..." **Beispiel für ein Experiment:** S. versucht, eine Unterrichtsstunde (oder 15 Min. einer Stunde) so zu tun, als wäre er schon auf 8 in der Skala. L. muss raten, wann das war. „Ich denke, dass du eine gute Lösung gefunden hast." „Wenn du möchtest, treffen wir uns in x Wochen wieder, um zu sehen, was geklappt hat."
Nachbereitung	Dokumentation des Gesprächs	Namen; Datum; Absprachen; ggf. Themen und Notizen zum Gesprächsverlauf festhalten (siehe Vorlage zur Dokumentation)

3 Entwicklungsgespräch und Lernberatung

3.1 Anlässe

Besnik, ein Schüler der 6. Klasse, hat in mehreren Fächern so schlechte Leistungen gezeigt, dass seine Versetzung gefährdet ist. Er könnte es noch schaffen, wirkt aber resigniert und mutlos.

Maria, Schülerin der 9. Klasse, könnte wesentlich bessere Schulnoten haben, wenn sie sich nicht darauf verlassen würde, auch ohne Üben und Hausaufgaben ans Ziel zu kommen. Sie möchte später unbedingt einmal studieren und hat sich deshalb schon mehrfach vorgenommen, mehr zu lernen, schafft es aber irgendwie nicht.

Tobias möchte eine Ausbildung als Elektriker machen. Sofern er seinen Schulabschluss erreicht, ist ihm ein Ausbildungsplatz sicher. Er weiß, dass er sich für die Schule mehr engagieren müsste, um seinen Abschluss zu erreichen, und will das auch. Nach Unterrichtsschluss verdrängt er das Problem aber immer wieder und hofft, dass sich alles ohne sein Zutun regeln wird.

Schöpfen Ihre Lernenden ihr Leistungspotenzial nicht aus und laufen dadurch Gefahr, einen schulischen Abschluss nicht zu erreichen oder insgesamt unter ihren Möglichkeiten zu bleiben, so haben Sie als Lehrkraft verschiedene Optionen, um Einfluss zu nehmen:
Vielleicht halten Sie es für notwendig, einem Kind die Konsequenzen seines Verhaltens aufzuzeigen. In diesem Fall werden Sie ein **Kritikgespräch** führen und gegebenenfalls erzieherische Maßnahmen einleiten. Beispielsweise erhält das Kind dann – möglicherweise in Absprache mit seinen Eltern – die Auflage, täglich eine gewisse Zeit für die Schule zu arbeiten, bevor es sich seinen Freizeitaktivitäten widmen darf.

Es kann aber auch sein, dass ein Kind seine Situation lediglich falsch einschätzt, eine Information über seinen momentanen Leistungsstand benötigt und nach einem solchen „Weckruf" aus eigener Kraft in der Lage ist, die Situation positiv zu verändern. In diesem Fall reicht es, ein **kurzes Informationsgespräch** zu führen.

Oftmals sind Kinder und Jugendliche jedoch nicht in der Lage, ihr Lern- und Arbeitsverhalten aus eigener Kraft zu verändern. Dann helfen weder erzieherische Maßnahmen noch eine eindringliche Information über ihren Leistungsstand, sondern sie benötigen Hilfe und Anleitung. Selbst hinter scheinbarem Desinteresse verbirgt sich nicht selten Überforderung bzw. die Unfähigkeit, den eigenen Alltag und die Vielzahl der Aufgaben und Anforderungen zu strukturieren.

Für diese Fälle wurde der Typus des **Ziel- und ressourcenorientierten Entwicklungsgesprächs (ZRE)** entwickelt. Es stellt eine spezifische Form des Beratungsgesprächs dar und hat die Funktion einer Lernberatung.

3.2 Ziele der Lehrkraft

Beim Entwicklungsgespräch steht die Beratungsfunktion der Lehrkraft im Vordergrund. Ihr Ziel liegt darin, einem Kind oder Jugendlichen dabei zu helfen, das Lernverhalten und den Alltag so zu organisieren, dass das eigene Leistungspotenzial ausgeschöpft wird und realistische schulische Ziele erreicht werden.

3.3 Vorbereitung des Gesprächs

Um eine realitätsgerechte Einschätzung der Situation zu gewährleisten, benötigen Sie im Vorfeld des Gesprächs einen Überblick über den momentanen Leistungsstand. Hilfreich ist auch eine Einschätzung der anderen Lehrkräfte bezüglich der Leistungspotenziale und der Entwicklungsmöglichkeiten.

Für ein Beratungsgespräch ist eine vertrauensvolle Beziehung zwischen den Beteiligten notwendig. Bevor Sie sich zu einem solchen Gespräch mit einer Schülerin entscheiden, sollten Sie daher Ihre Beziehung zu dieser Schülerin einschätzen. Ihr Verhältnis sollte so tragfähig sein, dass zumindest die Chance besteht, eine vertrauensvolle Beziehung im Gespräch aufzubauen. Dies gelingt leichter, wenn Sie die Schülerin nicht gleichzeitig in einem Fach unterrichten, in dem sie mangelhafte Leistungen hat oder Fehlverhalten zeigt. In jedem Fall ist eine konstruktive Haltung der Schülerin gegenüber vonnöten, die von einem gewissen Wohlwollen und der Bereitschaft getragen ist, den Sichtweisen und Konstrukten der Schülerin mit Respekt zu begegnen und sich auf ihre Lebenswelt empathisch einzulassen. Anderenfalls ist es sinnvoll, nach einer anderen Lehrkraft Ausschau zu halten, die eine unbelastete und positive Beziehung zu dieser Schülerin hat und die bereit ist, das Gespräch zu übernehmen.

Für das Gespräch sollten mindestens 20 Minuten an einem Ort zur Verfügung stehen, an dem keine äußeren Störungen zu erwarten sind. Ideal ist eine Schulstunde in einem Besprechungsraum. Alternativ wäre ein freier Klassenraum denkbar.

Beispiel „Yvonne"
Yvonne ist Schülerin in der Einführungsphase der gymnasialen Oberstufe. Zwei Monate vor Schuljahresende ist ihre Versetzung in die Qualifikationsphase durch Minderleistungen in den Fächern Mathematik und Englisch und nur ausreichende Leistungen in Deutsch höchst gefährdet.

Einschätzung der Situation und der schulischen Leistungsfähigkeit:
Nach Einschätzung der Fachlehrerinnen und Fachlehrer könnte Yvonne in allen Fächern etwas bessere Leistungen erzielen, wenn sie sich mehr für die Schule einsetzen würde. Sie macht eher selten ihre Hausaufgaben, wirkt unorganisiert, kommt morgens häufig zu spät zum Unterricht und hat ein paar unentschuldigte Fehlstunden. Solches Verhalten hat sie auch in früheren Jahren immer wieder gezeigt. In der Sekundarstufe I reichte das Arbeitsverhalten jedoch immer so gerade aus, um die Versetzung zu schaffen.

Eignung des Gesprächstyps überprüfen:
Da Yvonne selten Hausaufgaben macht und schulische Regeln (Pünktlichkeit; Fehlstunden) missachtet, ist es auch denkbar, ein Kritikgespräch zu führen. Kritikgespräche haben schon mehrfach stattgefunden. Yvonne hatte sich danach jedes Mal ernsthaft vorgenommen, ihr Verhalten zu ändern – jedoch ohne Erfolg. Offensichtlich hat sie nie gelernt, sich zu organisieren, und ist nicht in der Lage oder nicht willens, gute Vorsätze in die Tat umzusetzen. Die Lehrkräfte gehen davon aus, dass Yvonne Unterstützung benötigt, um ihr Lern- und Arbeitsverhalten zu ändern, und dass sie die Versetzung schaffen wird, wenn sie diese Hilfe annimmt. Ein reines Informationsgespräch, in dem Yvonne über die Versetzungsordnung und ihren momentanen Leistungsstand informiert wird, kommt daher nicht in Frage.

Einschätzung der Beziehung:
Die Erdkundelehrerin Frau Fröhlich hat sich bereit erklärt, das Gespräch mit Yvonne zu führen. Frau Fröhlich unterrichtet Yvonne im Fach Erdkunde, wo ihre Leistungen befriedigend sind. Yvonne könnte zwar auch in diesem Fach bei größerem Einsatz viel bessere Leistungen erzielen, dennoch hat Frau Fröhlich eine unbelastete Beziehung zu dieser Schülerin. Sie weiß, dass Yvonne zahlreiche außerschulische Interessengebiete hat, für die sie ein hohes Engagement aufbringt. Sie kann sich vorstellen, dass Yvonne so viel Vertrauen zu ihr entwickelt, dass sie sie in der Rolle der Beraterin akzeptiert.

Organisation:
Frau Fröhlich teilt Yvonne mit, dass sie mit ihr über ihre schulische Situation sprechen möchte, und vereinbart mit ihr Zeitpunkt und Ort. Sie reserviert den an dieser Schule vorhandenen Besprechungsraum für eine Schulstunde. Für das Gespräch legt sie mehrere farbige Stifte sowie ein leeres Arbeitsblatt auf einem Tisch bereit.

3.4 Gesprächsphasen

Phase 1: Gesprächsbeginn/Klärungen

Freundlichkeit, Ruhe und Klarheit kennzeichnen den Beginn des Gesprächs. Es kommt am Anfang darauf an, dass die Schülerin versteht, welches Ziel Sie mit diesem Gespräch verfolgen und dass Sie ihr beratend zur Seite stehen wollen. Sie muss die Sicherheit haben, nicht sanktioniert oder mit Erziehungsmaßnahmen konfrontiert zu werden. Da es für Lernende nicht von vornherein klar ist, in welcher Rolle eine Lehrperson ihnen gegenübertritt, müssen sie sich auf die Beratungssituation erst einmal einstellen. Es ist daher notwendig, den Klärungen zu Beginn ausreichend Zeit einzuräumen und die Kooperationsbereitschaft der Schülerin zu gewinnen.

Voraussetzung für die weitere Beratung ist, dass die Schülerin bereit ist, sich auf Ihre Beratung einzulassen. Am Anfang des Gesprächs wird dem Gesprächsangebot nicht selten mit ausweichenden und scheinbar widersprüchlichen Reaktionen begegnet wie: „Das klappt schon" oder „Es hat eh keinen Zweck". Solche Äußerungen können als Versuch verstanden werden, sich der Situation zu entziehen. Sie können aber auch Ausdruck von Resignation und Mutlosigkeit sein. Es ist wichtig, diese Gefühle ernst zu nehmen und gegebenenfalls aktiv zuzuhören (siehe Aktives Zuhören Glossar, S. 115 ff.). Stellt die Schülerin fest, dass Sie ihre Situation und ihre Person ernst nehmen, so gelingt es in der Regel, so viel Zuversicht und Mut aufzubauen, dass die Schülerin bereit ist, sich mit ihrer Situation ernsthaft auseinanderzusetzen und sich – zumindest versuchsweise – auf eine Beratung einzulassen.

Yvonne erscheint zum vereinbarten Zeitpunkt im Besprechungsraum. Seit sie in der Oberstufe ist, läuft für sie in der Schule alles schief. Sie versteht in Mathematik nichts mehr, in Englisch droht ihr eine 5 und sie weiß, dass sie so nicht versetzt wird. Sie hat sich auch schon öfter vorgenommen, jetzt mehr zu arbeiten, aber wenn sie zu Hause ist, verdrängt sie die Situation. Sie ist verunsichert, da sie nicht weiß, was genau in diesem Gespräch auf sie zukommt.

Frau Fröhlich begrüßt Yvonne. Sie ist freundlich und strahlt Ruhe aus:

L.: *„Schön, dass du gekommen bist. Ich habe dich zum Gespräch gebeten, da ich gesehen habe, dass dein momentaner Leistungsstand für eine Versetzung noch nicht ausreicht. Ich spreche jetzt nicht in erster Linie als Erdkundelehrerin mit dir. In Erdkunde läuft es ja einigermaßen gut. Aber bei der Konferenz wurde deutlich, dass es in anderen Fächern Probleme gibt, die deine Versetzung gefährden. Ich mache mir deswegen Sorgen und ich würde gerne mit dir darüber sprechen, wie du die Versetzung schaffen kannst."*

S.: *„Das hat doch eh keinen Zweck."*

L.: *„Du meinst, dass es nichts bringt, darüber zu reden?"*

S.: „Ja, das bringt nichts."

L.: „Du musst selbstverständlich nicht mit mir darüber sprechen. Aber ich gehe davon aus, dass du die Versetzung schaffen kannst, wenn du es jetzt angehst. Und ich fände es sehr schade, wenn du nächstes Jahr nicht in der Qualifikationsphase mitmachen könntest. Deshalb biete ich dir an, dich zu unterstützen und dir dabei zu helfen."

S.: „Ich weiß, ich muss mehr arbeiten für die Schule. Das mache ich jetzt auch."

L.: „Das ist schön, dass du dir das vornimmst. Ich weiß aber aus Erfahrung, dass das manchmal gar nicht so einfach ist, und mir wäre wohler, wenn ich wüsste, dass du einen Plan hast, der dir dabei hilft. Ich biete dir deshalb an, dass wir gemeinsam einen Plan aufstellen, mit dessen Hilfe du die Versetzung dann schaffst ... Das hat schon vielen Schülern geholfen und es ist nach meiner Erfahrung sicherer. – Was hältst du davon?"

S.: „Ja, gut, wir können es ja mal versuchen."

L.: „Okay. Wir haben bis 13.30 Uhr Zeit, in der Zeit schaffen wir das bestimmt."

Phase 2: Konkretisierung des Ziels

Je konkreter das anvisierte Ziel beschrieben ist und je mehr sich eine Schülerin mit dem formulierten Ziel identifizieren kann, desto genauer und wirkungsvoller wird die spätere Planung sein. Ist das Ziel z. B. ein bestimmter Schulabschluss, so gilt es zu konkretisieren, welche Noten in welchen Fächern für diesen Abschluss erreicht werden müssen und welche Fächer dabei für die Schülerin momentan von besonderer Bedeutung sind. An dieser Stelle müssen Sie oftmals Informationen über Abschlussbedingungen und Versetzungsordnungen einbringen, mit deren Hilfe schließlich eine sehr konkrete Zielsetzung erarbeitet werden kann. Die Schülerin sollte hierbei möglichst aktiv eingebunden werden. Das Ziel wird positiv formuliert und auf dem bereitgelegten Arbeitsblatt schriftlich fixiert. Das Arbeitsblatt sollte dabei so zwischen Ihnen und der Schülerin platziert sein, dass beide die Niederschrift gut einsehen können, es sozusagen den Charakter einer gemeinsamen Arbeitsgrundlage gewinnt.

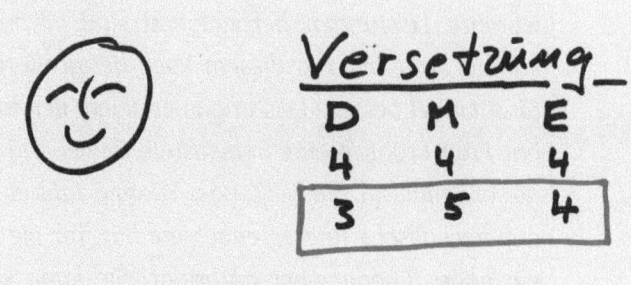

L.: „Dann sag doch erst einmal, wie dein Leistungsstand in den einzelnen Fächern momentan ist."

S.: „Deutsch 3–; Mathematik 5; Englisch 5+; alle anderen Fächer 3–4; Sport 1."

L.: „Das Ziel ist die Versetzung. Welche Noten brauchst du dafür?"

S.: „Die Fünfen müssen weg."

L.: „Nicht unbedingt. In deinem Fall gibt es mehrere Möglichkeiten."

Frau Fröhlich nimmt das bereitgelegte Blatt und schreibt die verschiedenen Möglichkeiten darauf.
D4; M4; E4; oder D3; M5; E4.

L.: „Welche dieser Möglichkeiten ist für dich am ehesten erreichbar?"

S.: „In Mathematik schaffe ich keine 4."

L.: *„Verstehe ich das richtig, dass die Kombination D3; M5; E4 für dich einfacher zu schaffen ist als die D4; M4; E4?"*
S.: *„Auf jeden Fall."*
L.: *„Dann wäre das dein Ziel."*
S.: *„Ja, genau."*

Phase 3: Standortbestimmung/Skalierung

Ist das Ziel fixiert, erhält die Schülerin die Aufgabe einzuschätzen, wie nah sie diesem Ziel ist bzw. wie weit sie davon noch entfernt ist. Hierzu wird eine 10er-Skala auf das Arbeitsblatt gezeichnet, bei der die Zahl 10 für die Zielerreichung und die Zahl 0 für das genaue Gegenteil steht. Die Schülerin wird aufgefordert, ihren momentanen Standort auf dem Weg zum Ziel zu markieren und damit aktiv Stellung zu ihrer aktuellen Situation zu nehmen. Auf diese Weise wird eine wesentliche Aufgabe der weiteren Beratungsschritte eingeleitet, nämlich die, die Schülerin zu aktivieren und ihr damit die eigene Verantwortung und Kompetenz für ihren Lern- und Entwicklungsprozess zu spiegeln. Die subjektive Wirklichkeit der Schülerin steht dabei im Vordergrund des Interesses, weniger die Feststellung eines objektiven Tatbestandes. Sie sollten es daher möglichst vermeiden, Zweifel an der Einschätzung der Schülerin zu vermitteln oder diese zu korrigieren. Wurde das Ziel zuvor hinreichend konkret formuliert und verstanden, so weicht die Einschätzung eines Schülers in der Regel auch nicht wesentlich von der der Lehrkraft ab. Nur bei sehr extremen Abweichungen sollte noch einmal zur formulierten Zielsetzung zurückgekehrt und die Frage nach dem momentanen Standort anschließend erneut gestellt werden.

Hat ein Schüler Schwierigkeiten, sich zu entscheiden, so können Sie den eher spielerischen Charakter dieser Einschätzung betonen und ihm Fragen stellen wie: *„Rate, wo du stehst!"* oder *„Angenommen du wüsstest es, was würdest du dann sagen?"* oder: *„Was glaubst du, würde dein Lehrer / deine Mitschülerin sagen, wo du stehst?"* Sie sollten sich in keinem Fall verleiten lassen, dem Schüler diese Aufgabe abzunehmen (siehe hierzu Skalierung und Zirkuläres Fragen im Glossar, S. 115 ff.).

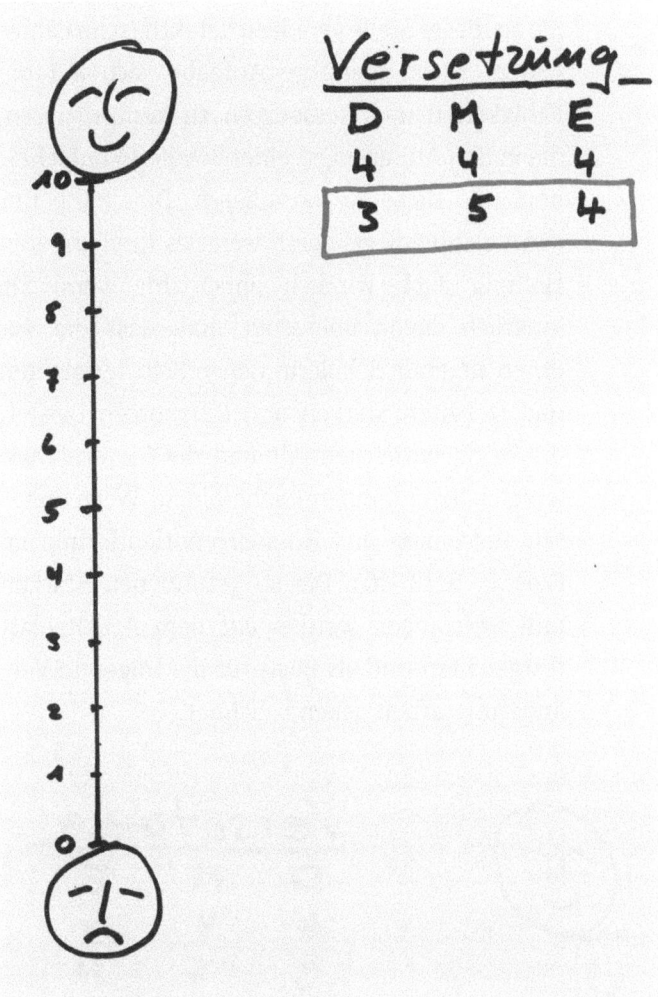

L.: *„Angenommen, die 10 steht dafür, dass du das Ziel erreicht hast. Du hast die Versetzung geschafft! Die 0 steht für das Gegenteil. Es besteht absolut keine Chance auf eine Versetzung. Mach einmal ein Kreuz an der Stelle der Skala, an der du dich im Moment siehst."*
Yvonne zeichnet ein Kreuz bei der 5 ein.

Phase 4: Aktivierung der Ressourcen

Jedem Menschen fällt es leichter, Veränderungen anzugehen, wenn er sich in einem positiven, ressourcenvollen Zustand befindet. Ehe sich das Gespräch den Veränderungsschritten zuwendet, wird daher eruiert, welche Ressourcen hierfür zur Verfügung stehen, auf welcher Basis die Veränderung aufbauen kann. Die Leitfrage hierzu lautet: *„Was hat dazu geführt, dass du bei X stehst und nicht bei 0?" Die Beantwortung dieser Frage fällt Kindern und Jugendlichen erfahrungsgemäß schwer. Aus diesem Grund sind hier aktive Hilfen vonnöten und bisweilen brauchen Sie an dieser Stelle geradezu detektivische Fähigkeiten. Es ist hier Ihre Aufgabe, sich auf die Fähigkeiten und Ressourcen zu konzentrieren, die in den Äußerungen einer Schülerin aufscheinen, und diese zu formulieren. Dies kann nur dann glaubhaft gelingen, wenn es Ihrer inneren Haltung auch wirklich entspricht, wenn Sie innerlich davon überzeugt sind, dass die vor Ihnen sitzende Schülerin neben Schwierigkeiten und Defiziten Stärken und Ressourcen besitzt, die es zu entdecken gilt und die Sie ernsthaft wertschätzen können (siehe hierzu Wertequadrat, Reframing und Ressourcenorientierung im Glossar, S. 115 ff.). Die so gefundenen Stärken und Ressourcen werden auf dem Arbeitsblatt festgehalten und als Basis für die folgende Veränderungsarbeit gekennzeichnet.

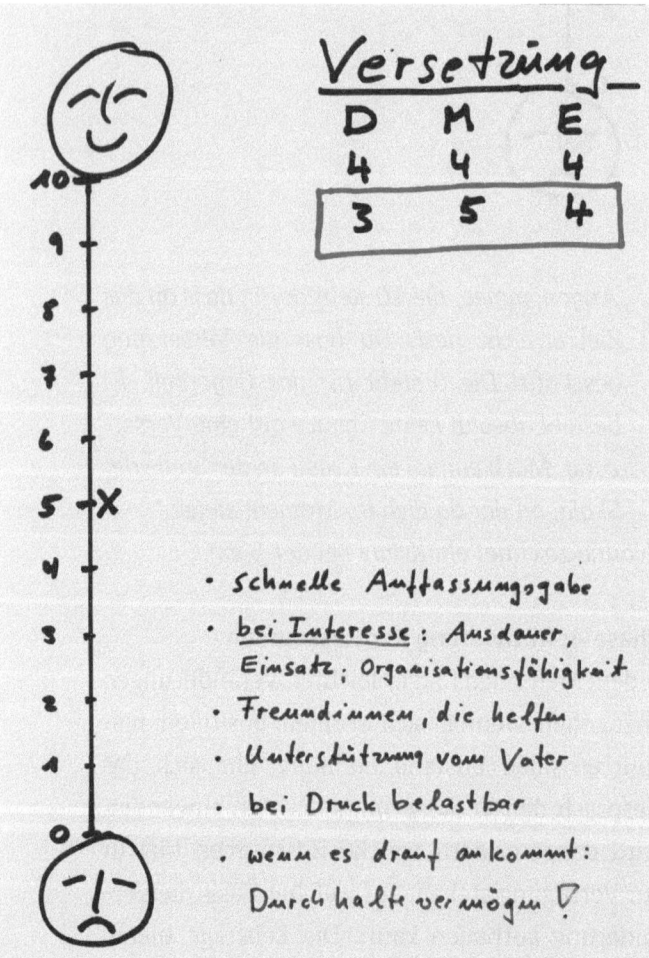

L.: „Was hat dazu geführt, dass du bei 5 stehst und nicht bei 0?"
S.: „Eigentlich verstehe ich den Stoff ganz gut – außer in Mathematik."
L.: „Das heißt, du hast grundsätzlich eine schnelle Auffassungsgabe?"
S.: „Ja, das kann man so sagen. Aber wenn mich etwas nicht interessiert, dann habe ich keine Lust dazu."
L.: „Das heißt, wenn dich etwas nicht interessiert, dann beschäftigst du dich damit nicht, und wenn dich etwas interessiert, dann ist das anders, verstehe ich das richtig?"
S.: „Ja, wenn mich etwas interessiert, dann mache ich alles."
L.: „Was heißt das, du machst dann alles? Wie kann ich mir das vorstellen? – Bist du dann immer da und setzt dich voll ein?"
S.: „Natürlich, im Verein ist das klar, ich will ja zu den Meisterschaften nominiert werden."
L.: „Wenn ich das richtig verstehe, kannst du also alles: Termine einhalten, pünktlich sein, dich organisieren. Es ist nur wichtig, dass es dich interessiert und du es unbedingt willst."
S.: „Das könnte man so sagen."
L.: „Dann kann ich also schreiben: Bei Interesse und Ziel: Ausdauer, Einsatz, Organisationsfähigkeit."
S.: „Ja, das stimmt."
L.: „Das ist wichtig, denn das hat ja nicht jeder. Manche können das nämlich einfach grundsätzlich nicht."
L.: „Was hat noch dazu geführt, dass du schon bei 5 stehst? – Hast du z. B. Freundinnen und Freunde, die dich unterstützen?"
S.: „Ja, natürlich."
L.: „Wieso natürlich, das ist doch nicht selbstverständlich, manche sind eher alleine."
L.: „Wie sieht es denn zu Hause aus, inwieweit fühlst du dich da unterstützt?"
S.: „Ich lebe bei meinem Vater, fachlich kann er mir nicht helfen, aber sonst macht er alles für mich."
L.: „Da hast du ja eine Menge an Unterstützung."

L.: „Was hat noch dazu geführt, dass du schon den Skalenwert 5 erreicht hast und nicht bei 0 stehst? Welche Fähigkeiten hast du selber noch?"

S.: „??"

L.: „Du hast es ja bis in die Oberstufe geschafft. Da musst du ja Fähigkeiten haben. Wie war das denn in der Mittelstufe?"

S.: „Da war alles noch einfach. Also bei den Abschlussprüfungen, wenn es am Schluss eng wurde, dann habe ich es immer noch geschafft."

L.: „Das heißt, kurz vor den Prüfungen, unter Druck konntest du lernen?"

S.: „Ja, so habe ich es immer gemacht."

L.: „Das bedeutet ja, dass du Druck aushalten kannst, sozusagen unter Druck belastbar bist und lernen kannst, wenn es darauf ankommt."

S.: „Ja, das kann man so sehen."

L.: „Wie ist es denn mit deinem Durchhaltevermögen, bist du eher jemand, die schnell aufgibt, wenn etwas nicht klappt, oder kannst du dich durchbeißen?"

S.: „Wenn es mir wichtig ist, dann kann ich mich durchbeißen."

L.: „Also: Wenn es drauf ankommt, hast du Ausdauer und Durchhaltevermögen."

S.: „Genau."

L.: „Gut, – wir könnten sicher noch viel mehr Dinge finden, auf denen du aufbauen kannst, aber das ist schon ein sehr solides Fundament."

Phase 5: Lösungssuche und Planung in kleinen Schritten

Die nun folgende Planungsphase hat mehrere Ziele: Sie soll die Schülerin noch weiter aktivieren, ihr die Verantwortung für ihr Tun übergeben und einen ersten sehr konkreten Schritt aufzeigen, der möglichst schnell umsetzbar ist und zu unmittelbaren Erfolgserlebnissen führen kann. Die Planung wird mit der Vorstellung eingeleitet, dass in einem überschaubaren Zeitraum von z. B. einer Woche eine Annäherung an das Ziel um ein oder zwei Skalenpunkte erreicht worden ist. Die Schülerin wird aufgefordert, sich vorzustellen, dass sie diesen Schritt in Richtung Ziel geschafft hat, und gefragt, durch welches Verhalten diese Annäherung zustande gekommen ist. Typische Antworten von Lernenden sind z. B.: „Dann habe ich mich im Unterricht beteiligt", „Dann war ich immer anwesend", „Dann habe ich immer aufgepasst", „Dann hätte ich die Hausaufgaben gemacht" oder „Dann hätte ich den Unterricht nicht gestört". Lernende neigen hier zu generalisierenden Aussagen, die am Gebrauch der Wörter immer, nie etc. leicht zu identifizieren sind. Solche Ideen und guten Vorsätze hatten sie in der Regel schon öfter, ohne sie umsetzen zu können. Es ist die Aufgabe des Gesprächs, diese Ideen aus dem Ungefähren herauszuholen, sie zu konkretisieren und zu begrenzen. Dies geschieht, indem sie z. B. nur auf einzelne Fächer und/oder einzelne Tage oder Stunden bezogen werden. Der Vorsatz: „Ich mache ab jetzt immer meine Hausaufgaben" wird dadurch transformiert zu dem Planungsschritt: „Nächsten Dienstag mache ich um 16.30 Uhr meine Hausaufgaben für das Fach Mathematik." Der Vorsatz: „Ich beteilige mich mehr am Unterricht" könnte zu dem Planungsschritt führen: „Ich bereite mich am Montag direkt nach dem Unterricht auf die Deutschstunde am Dienstag vor und melde mich zu Beginn dieser Stunde mindestens zwei Mal." Da der betrachtete Zeitraum in der Regel etwa eine bis zwei Wochen umfasst, lassen sich die geplanten Schritte sehr genau terminieren und auf ihre realistische Umsetzbarkeit hin überprüfen. Es ist sehr wichtig, darauf zu achten, dass nur solche Schritte in die Planung aufgenommen werden, die die Schülerin mit großer Sicherheit bewältigen kann.

Lehrpersonen fällt es unserer Erfahrung nach an dieser Stelle sehr schwer, sich mit kleinen Schritten und punktuellen Veränderungen zu begnügen. Sie neigen dazu, die Lernenden zu überfordern, indem sie diese zu mehreren Verhaltensänderungen und umfassenden Planungen anleiten wollen. Ein noch so guter Plan ist jedoch nutzlos, wenn er nicht umgesetzt werden kann. Er kann sogar schädlich sein, wenn er zu erneuten Erfahrungen des Versagens führt. Die Beschränkung auf kleine, konkrete Schritte fällt leichter, wenn Sie sich vor Augen führen, dass das Ziel dieser Gesprächsphase lediglich darin liegt, einen Einstieg in den Veränderungsprozess zu finden, der Mut macht und zu einem Erfolgserlebnis führt. Gemäß dem Motto: Nichts ist so erfolgreich wie der Erfolg, können Sie getrost darauf vertrauen, dass ein solcher Anstoß einen Prozess in Gang setzt, der in Richtung Ziel führt.

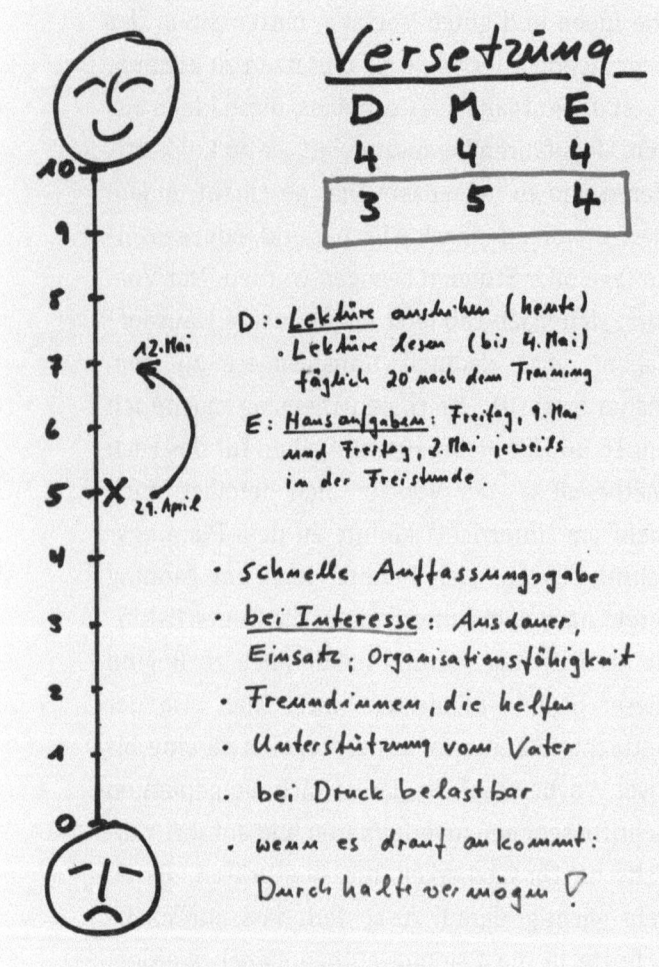

L.: „Ich schlage vor, dass wir jetzt einmal gucken, wie du – aufbauend auf diesem Fundament – dein Ziel erreichen kannst, also: Deutsch 3, Englisch 4 und Mathematik darf keine 6 werden. Okay?"
S.: „Okay."
L.: „Bis zur Zeugniskonferenz hast du noch sieben Wochen Zeit. Großzügig gerechnet würde es reichen, wenn du pro Woche um einen Punkt höher kletterst. Stell dir einmal vor, du könn-test in zwei Wochen sagen: Ich bin meinem Ziel um 2 Punkte näher gekommen, stehe also auf der Skala schon bei 7. (Pause) Und ich würde dich dann fragen: ‚Wie hast du das geschafft? Was hast du dafür getan?'"
S.: „Also, eine 6 in Mathematik bekomme ich bestimmt nicht."
L.: „Gut, dann bleiben Deutsch und Englisch. Was hat dich in den nächsten zwei Wochen zwei Punkte näher ans Ziel gebracht?"
S.: „Vielleicht hätte ich dann die Hausaufgaben gemacht."
L.: „In Deutsch oder in Englisch, wo fällt es dir leichter?"

Frau Fröhlich fragt bewusst nach der leichteren Aufgabe, da es ihr darum geht, einen Einstieg in den Erfolg zu finden. Dies lässt sich eher schaffen, wenn zunächst einfachere Aufgaben in den Blick genommen werden.

S.: „In Deutsch müssen wir bis nächste Woche nur den Roman lesen. Das könnte ich machen, aber ich habe das Buch noch nicht."
L.: „Dann kannst du es nicht lesen."
S.: „Ja, ich müsste es mir besorgen."
L.: „Nur, wenn du in Deutsch auf eine 3 kommen willst."
S.: „Ja, das wäre schon gut."

Frau Fröhlich empfindet die Antwort von Yvonne als eher wage. Sie ist sich nicht sicher, ob Yvonne wirklich die Verantwortung für ihren Lernerfolg übernehmen will und entschieden ist, das Ziel zu erreichen. Frau Fröhlich entschließt sich daher, das Ziel noch einmal in den Focus zu rücken und Yvonne zu fragen, ob sie dies anstreben oder nach Alternativen schauen will. Indem sie diese Entscheidung der Schülerin wirklich überlässt und keinen Druck auf sie ausübt, gibt sie die Verantwortung hierfür ganz an die Schülerin. Frau Fröhlich vermeidet es dadurch, in eine belehrende, fordernde oder die Schülerin gar in eine Richtung zerrende Position zu geraten. Auch im weiteren Verlauf des Gesprächs gibt sie immer wieder der

Seite von Yvonne eine Stimme, die diese Entscheidung ins Wanken bringen könnte. Dies zwingt Yvonne dazu, Verantwortung zu übernehmen und selber aktiv zu werden. Sie ist gefordert, sich entweder bewusst für Anstrengungen zur Zielerreichung zu entscheiden oder eine bewusste Entscheidung gegen das Ziel zu treffen.

L.: „Willst du das denn wirklich, du könntest ja auch aufgeben und das Schuljahr wiederholen."

S.: „Nein, auf keinen Fall. Ich besorge mir das Buch."

L.: „Wo kannst du das besorgen?"

S.: „Ich kann es mir bei meiner Freundin ausleihen, die hat das noch vom letzten Jahr."

L.: „Wann fragst du sie?"

S.: „Heute Nachmittag gehe ich bei ihr vorbei."

L.: „Dann halten wir das mal als ersten Schritt fest. – Wann genau willst du zu deiner Freundin gehen, direkt nach der Schule oder später? Was ist günstiger?"

S.: „Ich rufe sie direkt nach der Schule an und spreche etwas ab."

L.: „Okay. Dann hast du das Buch voraussichtlich heute Abend schon. Aber es muss dann ja auch noch gelesen werden. Ist das überhaupt zu schaffen bis nächste Woche?"

S.: „Ja, das klappt schon."

L.: „Aber so etwas dauert nach meiner Erfahrung ziemlich lange, vor allen Dingen, wenn es einen nicht wirklich interessiert."

S.: „Ja schon, aber ich schaffe das. Ich kann ziemlich schnell lesen, jeden Tag ein Kapitel."

L.: „Wann willst du das denn machen, du hast doch lange Schule und hast auch noch andere Interessen?"

S.: „Wenn ich vom Training komme, dann kann ich es lesen."

L.: „Jeden Tag?"

S.: „Ja, muss ich ja wohl, wenn ich jeden Tag 20 Minuten lese, dann schaffe ich das. Und wenn ich das Buch dann gelesen habe, kriege ich das in Deutsch auch hin."

L.: „Bestimmt, du hast ja eine schnelle Auffassungsgabe. Vielleicht machst du dir eine Liste und hakst dann jeden Tag ab, wenn du das Kapitel gelesen hast? Dann siehst du, was du schon geschafft hast. Was meinst du?"

S.: „Ja, das ist gut, das mache ich."

L.: „In Deutsch hast du also nun einen Plan. Wie sieht es mit Englisch aus?"

S.: „Wenn ich da immer die Hausaufgaben habe, komme ich da auch auf eine 4."

L.: „Dann brauchst du ja eigentlich nur noch einen Plan, wie du das hinkriegen kannst, Hausaufgaben zu machen."

S.: „Ja, im Unterricht ist das kein Problem."

L.: „An welchen Tagen habt ihr denn Englisch?"

S.: „Dienstags und donnerstags."

L.: „Was ist für dich einfacher: Für den Dienstag die Hausaufgabe zu machen oder für den Donnerstag?"

S.: „Für Dienstag, da habe ich vorher mehr Zeit."

L.: „Wie lange brauchst du denn in der Regel für die Hausaufgaben?"

S.: „Maximal eine Stunde."

L.: „Wann könntest du denn diese Stunde aufbringen?"

S.: „Freitags habe ich eine Freistunde, manche von unserer Gruppe machen da ihre Aufgaben."

L.: „Das verlangt aber viel Disziplin, das stelle ich mir schwierig vor, da wirklich zu arbeiten."

S.: „Aber wenn es sein muss, muss es gehen."

L.: „Ja, stimmt, das hast du eben gesagt, wenn es sein muss, kannst du hoch diszipliniert sein. Und du bist dir wirklich sicher, dass die Versetzung das wert ist, dass es so wichtig für dich ist, versetzt zu werden? Du könntest ja auch die Einführungsphase wiederholen.

S.: „Nein, nein. Ich will die Versetzung, auf jeden Fall!"

L.: „Wenn du das willst, dann wirst du es auch schaffen, davon bin ich überzeugt."

Phase 6: Zusammenfassung der Planungsschritte

Zum Abschluss werden die erarbeiteten Planungsschritte zusammengefasst und – sofern dies zuvor noch nicht geschehen ist – von der Schülerin selbst oder von Ihnen detailliert aufgeschrieben. Die Schülerin wird aufgefordert, die Umsetzbarkeit noch einmal zu überprüfen und gegebenenfalls Korrekturen vorzunehmen. Hierzu kann man sie z. B. fragen, wie hoch sie die Wahrscheinlichkeit einschätzt, dass sie den Plan umsetzt.

> L.: „Dann schreib doch einmal auf, was dein Plan ist:
> 1. Heute nach der Schule willst du deine Freundin anrufen und die Deutschlektüre besorgen.
> 2. Jeden Tag nach dem Training liest du ein Kapitel des Buches und hakst das dann auf der Liste ab.
> 3. Diesen Freitag und nächsten Freitag machst du in der Freistunde jeweils die Englisch-Hausaufgaben.
> Für wie wahrscheinlich hältst du es, dass du diesen Plan umsetzen kannst – auf einer Skala von 0 bis 10?"
> S.: „Ich würde sagen: 9."
> L.: „Dann dürfte es klappen. In zwei Wochen stehst du dann schon bei der 7. Dann sind es nur noch drei weitere Schritte bis zur Versetzung.

Mein Plan für zwei Wochen
1. Heute rufe ich direkt nach der Schule meine Freundin an und besorge mir die Deutschlektüre.
2. Jeden Tag, nach dem Training lese ich ein Kapitel (bis So. 4. Mai) und hake es auf der Liste ab.
3. Diesen Freitag (2. Mai) und nächsten Freitag (9. Mai) mache ich in der Freistunde Hausaufgaben für Englisch.

Kurze Rückmeldung am 13. Mai

Phase 7: Abschluss

Wenn Sie den Eindruck haben, dass die Planung einigermaßen realistisch ist, ist es hilfreich, abschließend noch einmal die Ressourcen der Schülerin zu betonen und Zuversicht zu vermitteln. Meist ist es sinnvoll, eine Rückmeldung über den Erfolg der Planungen zu vereinbaren. Diese kann in einer kurzen Information während einer Pause bestehen, gegebenenfalls kann auch ein weiterer Gesprächstermin vereinbart werden.

> L.: „Inwieweit traust du dir zu, auch für die letzten drei Schritte einen Plan zu machen, um dann das Ziel zu erreichen?"
> S.: „Ich glaube, ich schaffe das alleine."
> L.: „Wenn du möchtest, kannst du auch gerne noch einmal einen Termin bei mir wahrnehmen."
> S.: „Das ist vielleicht sicherer."
> L.: „Dann schlage ich dir vor, dass wir uns heute in zwei Wochen noch einmal kurz treffen und du mir eine Rückmeldung darüber gibst, inwieweit dir der Plan geholfen hat und ob du noch ein Gespräch mit mir brauchst oder nicht."
> S.: „Okay."
> L.: „Wie geht es dir jetzt nach unserem Gespräch?"
> S.: „Besser."
> L.: „Was genau ist jetzt besser?"
> S.: „Ich weiß jetzt, was ich machen kann. Und ich glaube, dass ich das noch schaffe."
> L.: „Ganz bestimmt. Ich wünsche dir viel Erfolg."

3.5 Nachbereitung

Wie schon beim allgemeinen Beratungsgespräch ausgeführt, hat die Dokumentation des Gesprächs für Sie vor allen Dingen den Sinn, dass Sie sich später an die getroffenen Vereinbarungen erinnern und in weiteren Gesprächen darauf Bezug nehmen können. Die während des Gesprächs erstellte Visualisierung ist hierzu sehr gut geeignet. In den meisten Fällen wollen die Beratenen dieses Blatt jedoch selber mitnehmen und Sie sollten ihnen dies auch in jedem Fall anbieten. Ist die Schülerin damit einverstanden und haben Sie in unmittelbarer Umgebung die Möglichkeit, so können Sie sich eine Kopie machen, um sich beim nächsten Mal selber gut an das Gespräch erinnern zu können. Ansonsten sollten Sie die Vereinbarungen in einer Ihnen gemäßen Form festhalten. Sie können hierzu auch die Vorlagen auf der beiliegenden CD benutzen.

3.6 Gelingensbedingungen

Motivation

Die Beratung eines Lernenden kann nur gelingen, wenn das angestrebte Ziel auch für ihn relevant ist, zumindest aber die Motivation geweckt werden kann, das Ziel zu erreichen (siehe Kapitel 8.4). Wenn Sie sich dazu verleiten lassen, ein Kind zu überreden und ihm eine Zustimmung zum Ziel zu entlocken, die nicht wirklich tragfähig ist, so führt dies im Gesprächsverlauf in der Regel dazu, dass das Kind zunehmend passiv wird, während Sie sich immer mehr anstrengen, um ein Ergebnis zu erzielen. Am Ende dieses Prozesses mag ein schön formulierter Plan stehen. Dessen Umsetzung aber ist mehr als fraglich und der Misserfolg damit vorprogrammiert.

Haben Sie in irgendeiner Phase des Gesprächs den Eindruck, dass ein Kind das beschriebene Ziel nicht teilt oder nicht genügend Motivation aufbringen kann, um sich hierfür zu engagieren, sollten Sie die Zielsetzung daher noch einmal thematisieren. Wie im obigen beispielhaften Gespräch mit Yvonne beschrieben, können Sie dies mit der schlichten und ehrlich gemeinten Frage tun: „Willst du das Ziel wirklich erreichen? – Oder willst du lieber darauf verzichten und einen anderen Weg einschlagen?" Diese Frage darf keineswegs vorwurfsvoll oder als rhetorische Frage gestellt werden. Das Kind muss vielmehr spüren, dass Sie an einer ehrlichen Antwort interessiert sind und es in diesem Gespräch wirklich um seine eigenen Vorstellungen und Ziele geht. Die hierzu notwendige Gelassenheit können Sie umso besser aufbringen, je klarer Ihnen Ihre Beratungsfunktion in diesem Gespräch ist.

Die Verantwortung für die Zielerreichung liegt beim Entwicklungsgespräch alleine beim Kind. Denn für Sie als Lehrperson steht hierbei nicht Ihr Erziehungsauftrag im Vordergrund, sondern Ihre Beraterrolle. Das Gespräch dient lediglich als Hilfe für das Kind, sein Ziel zu erreichen.

Fehlende Motivation kann sehr unterschiedliche Gründe haben. Ein offen zur Schau getragenes Desinteresse an einem Schulabschluss kann Folge von Resignation und Mutlosigkeit sein. In diesem Fall ist es einerseits wichtig, die Gefühle der Hoffnungslosigkeit zu Beginn ernst zu nehmen, andererseits aber auch Mut zu machen, sich der Aufgabe zu stellen.

Ein Grund für die fehlende Motivation kann jedoch auch darin liegen, dass ein Kind das Ziel als fremdbestimmt erlebt und es im Widerspruch zu seinen eigenen Vorstellungen und Werten steht.

In der Sekundarstufe II kann es etwa vorkommen, dass ein Schüler eigentlich lieber eine Ausbildung machen würde als weiter die Schulbank zu drücken, die Eltern ihm aber nicht erlauben, die Schule zu verlassen. Sie können dem Schüler dann möglicherweise in anderer Weise helfen, mit diesem Konflikt umzugehen. Sie können ihn etwa an externe Beratungsstellen verweisen oder eigene Gesprächsangebote zu diesem Konflikt machen. Die Fortsetzung des Entwicklungsgesprächs jedoch hat nur dann Sinn, wenn der Schüler die Zielsetzung zumindest im Moment teilen kann.

In jeder Altersstufe ist dann Vorsicht geboten, wenn die Zielsetzung nicht dem Leistungsbereich entstammt, sondern im Verhaltensbereich liegt. Zielsetzungen wie: „Ich komme pünktlich zum Unterricht", „Ich komme regelmäßig zum Unterricht" oder „Ich melde mich, wenn ich etwas sagen möchte", setzen voraus, dass eine Schülerin dieses löbliche Verhalten wirklich anstrebt, da sie den für sie darin liegenden Gewinn erkannt hat. Solange es sich um Lippenbekenntnisse handelt, ist ein Entwicklungsgespräch die falsche Maßnahme, da es unter dieser Voraussetzung zur Erfolglosigkeit verdammt ist. Hier sind dann je nach zugrunde liegendem Hintergrund andere pädagogische oder erzieherische Maßnahmen gefordert, die ggf. gemeinsam mit anderen Lehrkräften in einer Fallberatung oder mit den Erziehungsberechtigten erarbeitet werden können.

Erreichbarkeit des Ziels

Es kommt immer wieder einmal vor, dass Lernende mit dem anvisierten schulischen Ziel überfordert zu sein scheinen. Sind Sie der Ansicht, dass das Ziel so hoch gesteckt ist, dass das Risiko des Scheiterns sehr groß ist, können Sie die Beratung dadurch ergänzen, dass Sie zusätzliche, weniger anspruchsvolle Ziele in das Gespräch einbringen. Das Ziel des Gesprächs besteht dann zusätzlich darin, neben dem angestrebten Ziel („Plan A") sicherheitshalber alternative Wege („Plan B") in den Blick zu nehmen, sodass künftig auch andere Entwicklungen in den Fokus geraten können.

3.7 Leitfaden Entwicklungsgespräch (ZRE©)

(Kurzleitfaden auf CD)

Phase	Zentrale Aspekte und Methoden	Anmerkungen; beispielhafte Fragen und Formulierungen
Vorbereitung	Einschätzung der persönlichen Situation und Leistungsfähigkeit	Wie schätze ich die persönliche und schulische Situation des Schülers/der Schülerin ein? Welches Ziel hat er/sie sich selbst vermutlich gesetzt? Welches Ziel halte ich für realistisch?
	Eignung des Gesprächstyps überprüfen	Ist eine Entwicklungsberatung mit dem Schüler in dieser Situation die geeignete Maßnahme? Sind andere Gesprächstypen oder andere erzieherische/pädagogische Maßnahmen zielführender?
	Einschätzung der Beziehung Klärung der eigenen Rolle und Haltung ggf. Reframing	Welche Beziehung hat der Schüler/die Schülerin zu mir? Was erwartet er/sie voraussichtlich von diesem Gespräch? Hat er/sie vermutlich genug Zutrauen zu mir, um sich auf eine Beratung einzulassen? Welches Bild habe ich vom S.? Welche Gefühle habe ich? Ist Empathie möglich?
	Organisation: Zeitrahmen; Raum	Wann? Wie lange? Wo?
Beginn/ Klärungen	Begrüßung; Freundlichkeit und Ruhe	„Ich habe bei der letzten Konferenz gesehen, dass deine Noten noch nicht ausreichen, um den Abschluss XY zu erreichen. Ich würde gerne mit dir darüber sprechen, wie du das schaffen kannst … Bist du damit einverstanden? …"
	Anliegen klären Kooperationsbereitschaft aufbauen	„Wir könnten gemeinsam einen Plan aufstellen, mit dessen Hilfe du die Versetzung dann schaffst … Was hältst du davon? …" „Manchen Schülern hilft so ein Plan. Meinst du, das könnte auch für dich etwas sein?" … „Vielleicht könnten wir es ja einmal versuchen. Was meinst du?"
	Resignation ernst nehmen; ggf. aktiv zuhören	Bei Resignation: „Ich höre, dass du selber gar keine Chance mehr siehst … Angenommen, es gäbe noch eine klitzekleine Chance, wie sähe die dann aus – nur mal angenommen …?"

Phase	Zentrale Aspekte und Methoden	Anmerkungen; beispielhafte Fragen und Formulierungen
Konkretisierung des Ziels	Das Ziel wird konkretisiert und visualisiert. Es sollte erreichbar und positiv formuliert sein.	„Die Versetzung ist geschafft mit: Deutsch 3, Mathe 5 und Englisch 4. oder mit Deutsch 4, Mathe 4 und Englisch 4. Was ist für dich einfacher?" … Also ist das das Ziel: 3 in Deutsch (in Mathe die 5 und in Englisch die 4 halten).
Standortbestimmung	**Skalierung**	„Angenommen, die 10 steht für das Erreichen des Ziels. Die 0 steht für das Gegenteil. Wo stehst du jetzt?" Bei Schwierigkeiten, sich zu entscheiden: „Rate, wo du stehst!" oder „Angenommen du wüsstest es, was würdest du dann sagen?" Eventuell zirkulär fragen: „Was glaubst du, würde dein Lehrer/dein Mitschüler sagen, wo du stehst?"
Aktivierung der Ressourcen	Sammeln und notieren von Ressourcen, unter der Leitfrage: „Was hat dazu beigetragen, dass du bei X stehst und nicht bei 0?"	„Was hat dazu geführt, dass du bei X stehst und nicht bei 0?" „Was noch?" … „Wer unterstützt dich? Welche Eigenschaften hast du selbst, die dir helfen? Bist du z. B. jemand, der ‚nicht so schnell aufgibt' / ‚Humor hat" / ‚gewissenhaft ist' / ‚eine schnelle Auffassungsgabe hat' / ‚über gute Grundkenntnisse verfügt' / ‚an vielen Dingen interessiert ist'…?" Ggf. Bezug zu außerschulischen Aspekten herstellen: „Bist du im Sportverein? Dann hast du bestimmt gelernt, durchzuhalten …"

Phase	Zentrale Aspekte und Methoden	Anmerkungen; beispielhafte Fragen und Formulierungen
Lösungs-suche und Planung in kleinen Schritten	Vorstellung erzeugen: In einer Woche bist du deinem Ziel um 1 Punkt näher gekommen. Wie hat das geklappt? Suche nach möglichen Ansätzen und kleinen Lösungsschritten für einen kleinen überschaubaren Zeitraum	„Angenommen, du kannst nächste Woche (in einem Monat …) sagen: ‚Ich bin meinem Ziel um 1 Punkt näher gekommen.' Woran hat das dann gelegen?" „Was hast du dann gemacht?" „Was hat sich konkret verbessert?" „Wodurch hat es sich verbessert?"
Zusammen-fassung der Planungs-schritte	Planungsschritte konkret formulieren	„Was genau wirst du tun? Wann, mit wem, wo, wie …?" „Woran wirst du konkret erkennen, dass du dein Teilziel erreicht hast?" „Wie wirst du dich belohnen?".
Abschluss	Zusammenfassung Ressourcen betonen Zuversicht vermitteln Eventuell Überprüfung vereinbaren	„Für wie realistisch hältst du es, dass du den Plan umsetzen kannst?" „Ich denke, du schaffst das." „Inwieweit hältst du es für sinnvoll, dass wir noch einmal einen Zwischenstopp vereinbaren, d. h.: uns noch einmal treffen, um das Ganze noch sicherer zu machen?"

4 Kritikgespräch

4.1 Anlässe

> *Mustafa ist ein leistungsstarker Schüler der 6. Klasse eines Gymnasiums. Anstatt sich, wie gefordert, zu melden, platzt er im Unterrichtsgespräch immer wieder mit seiner Antwort heraus.*

> *Celina ist Schülerin der 7. Klasse einer Förderschule. Trotz wiederholter Ermahnung verlässt sie weiterhin mit ihrer Freundin das Schulgelände.*

> *Michelle, eine Schülerin der 11. Klasse einer Gesamtschule, fehlt jeden Freitag nach der Mittagspause. Sie verpasst dadurch regelmäßig eine Stunde Geographie und ihre Musik-AG.*

Im Schulalltag ergeben sich für Sie vielfältige Situationen, in denen Sie für die Einhaltung mehr oder weniger explizit formulierter Regeln Sorge tragen müssen. Dies ist nicht zuletzt insofern eine sehr anspruchsvolle Aufgabe, als die Schule aufgrund der Schulpflicht einen verbindlichen Rahmen für alle einfordert. Hier treffen Kinder und Jugendliche mit sehr unterschiedlichen Sozialisationserfahrungen und Werten aufeinander, die sich auch hinsichtlich ihrer Entwicklungsstände im Bereich schulischer und sozial-emotionaler Kompetenzen in der Regel stark unterscheiden.

Aufgrund Ihres Bildungs- und Erziehungsauftrages sollen Sie als Lehrkraft dazu beitragen, dass alle Lernenden den jeweils für sie bestmöglichen Schulabschluss erzielen und umfassende Kompetenzen entwickeln. Darüber hinaus haben Sie aufgrund Ihrer Garantenstellung eine Fürsorgepflicht gegenüber den Kindern und Jugendlichen und sind damit dafür verantwortlich, dass diese im Schulalltag weder körperlich noch seelisch Schaden nehmen.

Konkret bedeutet das, dass Sie dafür Sorge tragen müssen, dass auf dem Schulgelände und im Schulgebäude die Regeln für ein gewaltfreies Miteinander geachtet werden und im Klassenraum eine gute Arbeitsatmosphäre herrscht. Darüber hinaus sollen Sie auf das Lern- und Arbeitsverhalten jedes Einzelnen Einfluss nehmen.

In diesem Zusammenhang stellt das Kritikgespräch eine Maßnahme dar, die Einhaltung seitens der Schule vorgegebener Regeln einzufordern. Dabei ist der Erfolg dieser Maßnahme unter anderem davon abhängig, dass sie einen Teil eines umfassenden Erziehungskonzeptes darstellt. Optimalerweise verfügt eine Schule über einen Maßnahmenkatalog, der im Sinne eskalierender Interventionen vereinbart worden und allen Lehrkräften bekannt ist.

Flankierend zu dem Maßnahmenkatalog ist es hilfreich, wenn es an der Schule ein möglichst breites Repertoire an Konsequenzen gibt, die Sie im Falle der (weiteren) Nichteinhaltung der von Ihnen eingeforderten Verhaltensregeln verhängen können. Hierzu zählen die verschiedenen Ordnungsmaßnahmen ebenso wie zusätzliche Arbeitsaufträge, Wiedergutmachungsforderungen etc. Wichtig im Sinne der Wirksamkeit dieser Konsequenzen ist es dabei, dass Sie oder andere Lehrkräfte in der Lage sind, die Durchführung der Konsequenzen mit einem angemessenen Arbeitsaufwand zu kontrollieren.

Ein weiterer wichtiger Grundsatz in diesem Zusammenhang ist die Aufrechterhaltung einer Doppelstrategie, die sowohl die strenge Durchsetzung der verletzten Regel beinhaltet als auch pädagogische Unterstützungsangebote. Konkret kann dies z. B. bedeuten, dass eine strenge Ermahnung als Reaktion auf das unerwünschte Verhalten verbunden wird mit Zeichen der grundsätzlichen Wertschätzung der Person. Die Unterscheidung zwischen dem kritikwürdigen Verhalten einer Schülerin auf der einen Seite und ihrer Person als Ganzes auf der anderen Seite, die es wertzuschätzen gilt, sollte selbst dann noch durchgehalten werden, wenn es aufgrund fortgesetzten Fehlverhaltens schließlich zum Schulverweis kommt. In diesem Falle könnte das Unterstützungsangebot darin bestehen, die Schülerin in eine andere pädagogische Maßnahme zu vermitteln.

Kleinere Regelverstöße und Störungen des Unterrichts gehören zum Schulalltag und es gehört zu Ihrem Alltag als Lehrperson, diesen Einhalt zu gebieten. Durch präventive Maßnahmen wie ein gutes Classroom-Management lassen sich die Störungen im Unterricht zwar deutlich minimieren, verhindern lassen sie sich jedoch nicht. Verstoßen Lernende gegen Regeln, führen sie etwa kurze Nebengespräche im Unterricht, essen unerlaubterweise, rufen in die Klasse oder zeigen wenig Lust, einen Arbeitsauftrag zu erfüllen, so reicht oft ein Blick oder eine kurze Bemerkung dafür aus, dass sie die Regeln wieder einhalten. Vielleicht müssen Sie eine Schülerin auch mehrfach in einer Unterrichtsstunde nonverbal oder verbal zur Ordnung rufen. Oder Sie entschließen sich, – um den Unterrichtsfluss nicht zu stören, im Anschluss an eine Unterrichtsstunde unter vier Augen eine deutliche Ermahnung auszusprechen, bei der Sie ihr die Konsequenzen weiteren Fehlverhaltens deutlich vor Augen führen (siehe „Beispiel für eine Ermahnung", S. 42).

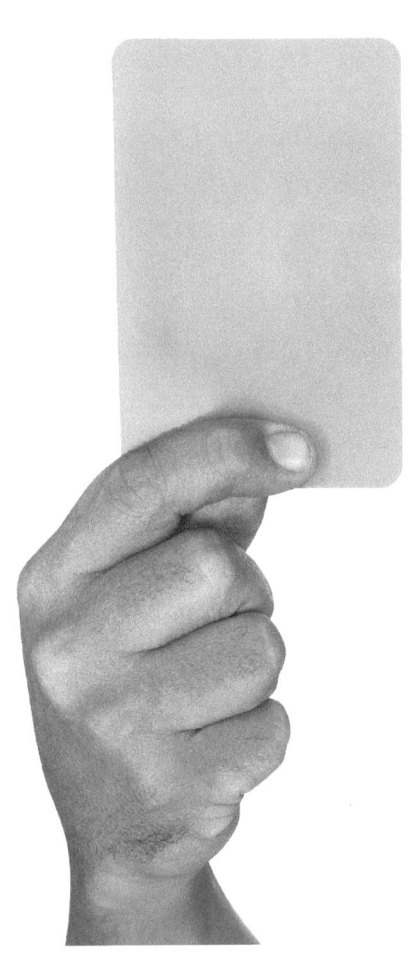

Beispiel für eine Ermahnung

Herr Huberti unterrichtet Geschichte in einer 8. Klasse an einem Gymnasium. Seine Schülerin Marcella stört wiederholt massiv den Unterricht, diesmal durch eine laute Bemerkung zu ihrem Sitznachbarn. Herr Huberti fühlt sich durch das Verhalten von Marcella in seiner Unterrichtsführung gestört. Darüber hinaus sieht er sich der Klasse gegenüber in der Verantwortung, für eine gute Arbeitsatmosphäre zu sorgen. Nachdem er Marcella bereits nonverbal und auch verbal ermahnt hat, weist Herr Huberti sie kurz auf die wiederholte Störung hin und fordert sie auf, nach der Stunde zu einem Gespräch im Klassenraum zu verbleiben. Auf diese Weise gelingt es ihm, der Störung im Unterricht keinen weiteren Raum zu geben und Marcella darauf vorzubereiten, dass ihr Stören noch gesondert behandelt wird.

Herr Huberti ist wütend darüber, dass Marcella ständig seinen Unterricht stört. Sein Impuls ist es, seinen Gefühlen freien Lauf zu lassen und ihr eine emotional geladene „Strafpredigt" zu halten. Nachdem er jedoch einmal tief durchgeatmet hat, gelingt es ihm, sich auf seine professionelle Rolle zu besinnen. Ihm kommt dabei zugute, dass er in seiner Freizeit als Schiedsrichter im örtlichen Fußballverein tätig ist. Die Souveränität eines Schiedsrichters, der einer Spielerin die gelbe Karte zeigt, zeigt sich darin, dass er eine klare, entschlossene und kompromisslose innere Haltung ausstrahlt. Er fühlt sich durch das Verhalten der Spielerin nicht persönlich angegriffen und die gelbe Karte richtet sich nicht an die Person der Spielerin als Ganzes sondern gilt nur dem regelwidrigen Verhalten. Die Körperhaltung eines geübten Schiedsrichters strahlt dies aus, sie vermittelt Gelassenheit, Präsenz und Standfestigkeit. Die gleiche professionelle Haltung nimmt Herr Huberti nun Marcella gegenüber ein. Ohne Umschweife beschreibt er kurz die Situation in der zurückliegenden Stunde und macht deutlich, welches Verhalten er von Marcella in Zukunft erwartet:

L.: *„Nachdem ich dich vorhin bereits wiederholt ermahnt hatte, hast du ein weiteres Mal deutlich hörbar für alle eine Bemerkung zu deinem Nachbarn gemacht. Das stört mich in meiner Konzentration und lenkt die anderen vom Unterricht ab."*

Weder auf Diskussionen noch auf Rechtfertigungsversuche oder sonstige Ablenkungen von Marcella geht Herr Huberti ein. Es geht an dieser Stelle nicht darum, dass Marcella einsieht, was sie falsch gemacht hat. Sie mag aus ihrer Sicht „gute Gründe" für ihr Verhalten haben. Dies ist nicht Gegenstand der Ermahnung. Stattdessen weist Herr Huberti Marcella auf die Konsequenzen weiteren Fehlverhaltens hin und stellt ihre Verantwortung in den Mittelpunkt:

S.: *„Aber der Hannes hat doch angefangen."*
L.: *„Das mag sein, aber darum geht es jetzt nicht. Ich spreche jetzt mit dir und möchte, dass du dein Verhalten veränderst."*
S.: *„Immer ich."*
L.: *„Du hast selbst in der Hand, ob du Ärger bekommst oder nicht. Ich bin nicht bereit, dieses störende Verhalten von dir zu akzeptieren. Wenn es dir nicht gelingt, die lauten Kommentare und Nebengespräche in den nächsten Stunden zu unterlassen, werde ich deine Eltern darüber informieren, dass du am nächsten Dienstag nach Schulschluss eine Stunde länger hier bleiben wirst, um dein Verhalten schriftlich zu reflektieren. Ist das klar?"*

Herr Huberti besteht darauf, ein kurzes Signal der Zustimmung von Marcella zu erhalten:
L.: *„Ist das klar?"*
S.: *(kleinlaut) „Ja."*
L.: *„Dann kannst du jetzt gehen. Ich gehe davon aus, dass du in der nächsten Stunde konzentriert mitarbeitest."*

Liegen jedoch schwerwiegendere Regelverstöße vor oder stellen Sie nach wiederholter Ermahnung fest, dass es einer Schülerin nicht gelingt, das erwartete Verhalten zu zeigen, so bietet das Kritikgespräch eine Möglichkeit, die Schülerin zu regelkonformem Verhalten zu bewegen. Auch dann, wenn Sie den Eindruck haben, dass eine Ermahnung nicht ausreicht, da eine Schülerin ohne Unterstützung nicht in der Lage ist, das gewünschte Verhalten zu erreichen, ist es sinnvoll, sich Zeit für ein Kritikgespräch zu nehmen.

4.2 Ziele der Lehrkraft

Im Kritikgespräch steht die Erziehungsfunktion der Lehrkraft im Vordergrund. Das Ziel des Gesprächs besteht darin, Kindern und Jugendlichen, die sich nicht an allgemein geltende Regeln halten oder ihre schulischen Pflichten nicht erfüllen, zu einer Verhaltensänderung in eine gewünschte Richtung zu bewegen.

Es dient dazu, diesen die Konsequenzen ihres derzeitigen Verhaltens deutlich vor Augen zu führen und Verhaltensalternativen anzustoßen, die es erleichtern, das erwartete Verhalten zu erreichen.

Darüber hinaus kann ein Ziel der Lehrkraft darin liegen, über den Einzelfall hinaus die Gültigkeit der schulischen Regeln für alle Lernenden zu untermauern.

4.3 Vorbereitung des Gesprächs

Die Voraussetzung für ein erfolgreiches Kritikgespräch stellt zunächst die eigene klare Haltung in Bezug auf das kritikwürdige Verhalten dar. Was stört Sie genau? Welches Verhalten erwarten Sie von Ihren Lernenden? Und: Sind Sie als Lehrkraft dazu berechtigt, dieses Verhalten einzufordern? Je klarer die Absprachen bezüglich der Regeln an Ihrer Schule sind, desto einfacher ist es für Sie, diese Fragen zu beantworten.

Dies gilt auch für die Maßnahmen, die Sie ergreifen können, falls das Gespräch nicht zu einer Verhaltensänderung führt. Die Konsequenzen sollten dabei für die Schülerin, mit der Sie das Gespräch führen wollen, auch subjektiv bedeutsam sein. Ist es etwa für diese Schülerin ohne jede Bedeutung, ob Sie ihre Eltern über das Fehlverhalten informieren oder nicht, so stellt die Elterninformation keine geeignete Konsequenz dar. Sie sollten dieser Schülerin vielmehr andere Konsequenzen in Aussicht stellen.

Ein Kritikgespräch ist erfolgversprechender, wenn es auf der Grundlage einer positiven Beziehung geführt werden kann. Je nachdem, wie schwerwiegend ein Regelverstoß war, oder wie sehr Sie selbst als Lehrperson von wiederholten Störungen einer Schülerin betroffen sind, kann es Ihnen sehr schwer fallen, vor dem Gespräch eine positive Grundhaltung aufzubauen.

Um sich nicht zu stark von negativen Gefühlen, die sich aus der Erinnerung an die letzten Regelübertretungen speisen, beeinflussen zu lassen, kann es hilfreich sein, sich vor dem Gespräch noch einmal positive Eigenschaften der Schülerin vor Augen zu führen und sich an eher angenehme Eindrücke aus der letzten Zeit zu erinnern. Besonders hilfreich kann es in diesem Zusammenhang sein, wenn Sie bereits im Vorfeld eine Kompetenzkarteikarte für die Schülerin angelegt haben (siehe Kompetenzkartenkartei im Glossar, S. 115 ff.).

Für ein Kritikgespräch sollte ein Zeitrahmen von 20 Minuten zur Verfügung stehen, sodass dafür in der Regel ein Treffen nach Unterrichtsschluss vereinbart wird. Das Gespräch sollten Sie auf jeden Fall unter vier Augen führen, damit das Kind sein Gesicht wahren kann.

> **Beispiel „Memet"**
>
> Memet wohnt mit seiner alleinerziehenden Mutter fünf Gehminuten von der Schule entfernt. Er ist insgesamt ein durchschnittlicher Schüler der 7. Klasse ohne besondere Schwierigkeiten im Lern- und Arbeitsverhalten. Seit einiger Zeit kommt er jedoch jeden Morgen 10 bis 15 Minuten zu spät in den Unterricht.

Einschätzung der Situation und Eignung des Gesprächstyps:

Der Klassenlehrer Herr Schönknecht hat in den letzten Wochen von mehreren Fachlehrerinnen die Rückmeldung erhalten, dass sie Memet wegen seines Zuspätkommens in der ersten Stunde ermahnt hätten. Herr Schönknecht hat auch selbst schon erlebt, dass Memet zu spät kam, und ihn deswegen mehrfach zur Ordnung gerufen. Da dies aber nicht zum gewünschten Resultat geführt hat, geht er davon aus, dass weitere Ermahnungen alleine nicht ausreichen.

Da Memet bis vor einigen Wochen immer pünktlich zum Unterricht erschienen ist, nimmt Herr Schönknecht an, dass dieser zwar grundsätzlich in der Lage ist, pünktlich zu kommen, aber möglicherweise momentan hierzu Unterstützung und Anleitung braucht. Er entschließt sich daher, Memet in einem Kritikgespräch sehr deutlich die Konsequenzen seines Verhaltens vor Augen zu führen, ihm gegebenenfalls aber auch Hilfestellung für eine Verhaltensänderung zu geben.

Einschätzen der Beziehung:

Als Klassenlehrer fühlt sich Herr Schönknecht für die Führung von Kritikgesprächen verantwortlich. Da er seinen Schüler Memet schon lange kennt und auch eine grundsätzlich positive Beziehung zu ihm hat, geht er davon aus, dass er Memet trotz seines Fehlverhaltens freundlich und wertschätzend gegenübertreten kann. Er schaut sich vor dem Gespräch noch einmal die positiven Eigenschaften und Stärken von Memet auf dessen Kompetenzkarteikarte an und gewinnt so die innere Sicherheit, dass er das Fehlverhalten kritisieren und gleichzeitig die Person des Schülers wertschätzen kann.

Organisation:

Herr Schönknecht spricht Memet am Ende der letzten Stunde an und erklärt, dass er mit ihm über sein Zuspätkommen sprechen müsse. Er schlägt ihm vor, sich jetzt 20 Minuten Zeit für dieses Gespräch zu nehmen und fragt ihn, ob er jemanden darüber informieren müsse, dass er etwas länger in der Schule bleibt.

> **Kompetenzen von Memet**
> - spielt in einer Band
> - hat eine tolle Stimme
> - sehr höflich
> - arbeitet sorgfältig und ausdauernd
> - hilfsbereit

4.4 Gesprächsphasen

Phase 1: Gesprächsbeginn/Klärungen

Zu Beginn des Gesprächs nehmen Sie eine freundliche, aber klare und konfrontative innere Haltung ein und benennen das Gesprächsziel. Das Ziel wird positiv formuliert, um dem Schüler auch sprachlich zu signalisieren, dass Sie an einer konstruktiven Auflösung der Situation interessiert sind.

L.: „Ich möchte gerne mit dir gemeinsam überlegen, wie du es schaffen kannst, wieder pünktlich zur Schule zu kommen."

Phase 2: Kritikwürdigen Sachverhalt benennen

Im Anschluss benennen Sie in kurzer, sachlicher Form das kritikwürdige Verhalten und weisen darauf hin, welche negativen Auswirkungen für den Schüler damit einhergehen. Sie erleichtern sich das weitere Gespräch, wenn Sie das kritikwürdige Verhalten in einer möglichst beschreibenden Form darstellen und jede Form der Interpretation und Wertung an dieser Stelle vermeiden. Beispielsweise ist es günstiger, zu beschreiben, dass ein Schüler „mehrfach laut in die Klasse gerufen" hat, als davon zu sprechen, dass er „ständig gestört" habe.

> L.: „Memet, ich bin in letzter Zeit von drei Lehrerinnen darauf angesprochen worden, dass du mehrfach zu spät zur ersten Stunde erschienen bist, obwohl sie dich deswegen schon ermahnt haben. Und bei mir bist du auch die letzten beiden Male zu spät zur ersten Stunde erschienen. Du verpasst auf diese Weise nicht nur wichtigen Unterrichtsstoff, sondern unterbrichst jedes Mal den Unterricht und behinderst so deine Mitschüler beim Lernen."

Phase 3: Aussprechen der Kritik

Nachdem Sie beschrieben haben, um welches Verhalten des Schülers es geht, machen Sie diesem unmissverständlich klar, dass das Verhalten nicht in Ordnung ist und dass es Konsequenzen nach sich ziehen wird, wenn der Schüler sein Verhalten nicht in die erwartete Richtung verändert.

> L.: „Dein Zuspätkommen wird von uns nicht länger geduldet. Wenn du es nicht schaffst, in Zukunft wieder pünktlich zu sein, werde ich deine Mutter zu einem gemeinsamen Gespräch in die Schule bitten."

Phase 4: Stellungnahme

Nachdem dem Schüler die Kritik an seinem Verhalten deutlich gemacht wurde, sollte ihm eingeräumt werden, Stellung dazu zu beziehen, damit er die Möglichkeit hat, die Hintergründe seines Verhaltens darzulegen.

An dieser Stelle des Gesprächs verändern sich Ihre Rolle und Ihre innere Haltung. Waren Sie bisher ausschließlich in der Rolle des Regelwächters, der eine unnachgiebige Haltung einnimmt, kommen nun Elemente der Beraterrolle hinzu, die sich durch aktives, empathisches Zuhören zeigen.

In dieser Gesprächsphase kann z. B. deutlich werden, welche positive Absicht sich hinter dem Verhalten des Schülers verbirgt oder wo er Unterstützungsbedarf hat. In beiden Fällen entstehen auf diese Weise Ansatzpunkte für Verhaltensänderungen: Wird deutlich, dass der Schüler ein berechtigtes Bedürfnis auf eine Art zu verfolgen versucht, die nicht mit den Regeln der Schule zu vereinbaren ist, so können Sie ihm an dieser Stelle anbieten, nach alternativen Verhaltensweisen zu suchen, die ihn ebenfalls zu seinem Ziel führen, bei denen er jedoch keinen Ärger bekommt. Wird in dieser Phase des Gesprächs deutlich, dass der Schüler noch nicht in der Lage ist, das erwartete Verhalten ohne Hilfe zu zeigen, können Überlegungen dazu angestellt werden, welche Unterstützungsmöglichkeiten es geben könnte.

> L.: „Was möchtest du zu dieser Sache sagen?"
>
> S.: „Ich versuche ja immer, morgens pünktlich zu kommen, ehrlich. Aber seit meine Mutter jeden Morgen vor mir das Haus verlässt, klappt das einfach nicht mehr. Sie weckt mich zwar und stellt mir auch das Frühstück hin, aber ich schaffe es dann einfach nicht, sofort aufzustehen und schlafe noch einmal ein. Und wenn ich dann wieder wach werde, ist es so spät, dass ich es nicht mehr pünktlich schaffe, obwohl ich mich echt beeile. Meine Mutter ist auch schon sauer, weil ich das Frühstück immer stehen lasse."
>
> L.: „Ok, das verstehe ich. Und früher hat deine Mutter dich dann einfach noch ein zweites Mal geweckt und wenn nötig auch ein drittes Mal."
>
> S.: „Ja, genau. Aber jetzt hat sie halt einen neuen Job angenommen, bei dem sie früher anfangen und weiter fahren muss."

Phase 5: Zielperspektive und Beratungsangebot

Haben Sie sich die Stellungnahme des Schülers angehört und gegebenenfalls auch den Hintergrund des unerwünschten Verhaltens verstanden, ist es zunächst wichtig, dass Sie dem Schüler noch einmal das gewünschte Verhalten in einer positiven Formulierung als Ziel vor Augen führen. Sodann können Sie ihm Ihre Unterstützung dabei anbieten, gemeinsam nach einer Lösung zu suchen. Da Sie von der Rolle des Erziehers nun in die Beraterrolle wechseln, ist es notwendig, diesen Wechsel auch dem Schüler deutlich zu machen und ihn dafür zu gewinnen, Ihre Beratung anzunehmen.

L.: *„Na gut, das kann ich nachvollziehen. Trotzdem ist es wichtig, dass du es wieder schaffst, regelmäßig pünktlich zum Unterrichtsanfang da zu sein. Was ich dir anbieten kann, ist, dass wir jetzt gemeinsam überlegen, was dir dabei helfen kann."*

S.: *„Ich weiß nicht."*

L.: *„Es gibt da schon Möglichkeiten, so etwas zu schaffen. Ich könnte dir, wenn du das willst, auch erzählen, was anderen Schülern schon einmal geholfen hat."*

S.: *„Hm."*

L.: *„Die andere Möglichkeit ist die, dass wir deine Mutter informieren, sie in die Schule kommt und wir gemeinsam mit ihr überlegen."*

S.: *„Nein, auf keinen Fall."*

L.: *„Ja, dann bleibt die Möglichkeit, jetzt gemeinsam nach einer Lösung zu suchen."*

Um dem Schüler die Zustimmung zu einer Beratung zu erleichtern, ist es hilfreich, wenn Sie ihm Zuversicht geben, dass er das Ziel mit Ihrer Hilfe erreichen kann.

L.: *„Ich kann mir gut vorstellen, dass wir gemeinsam etwas finden, was dir dabei hilft. Was hältst du von der Idee?"*

S.: *„Ja, gut."*

Phase 6: Lösungssuche

Wie beim Beratungsgespräch besteht Ihre Aufgabe nun darin, den Schüler durch lösungsorientierte Fragen darin zu unterstützen, eine tragfähige Strategie zu entwickeln, die ihm hilft, das erwartete Verhalten wieder zu zeigen. Sie geben dem Schüler sozusagen eine Hilfestellung bei der Entwicklung seiner eigenen Ideen. Er selbst ist der Experte für seine Lebenswelt und weiß am besten, welche Lösung realistisch ist und zu ihm passt. Es geht daher an dieser Stelle weniger darum, dem Schüler Ratschläge zu geben. Vielmehr unterstützen Sie ihn durch Fragen, mit denen er z. B. bereits vorhandene Ideen erkunden oder herausfinden kann, was schon mal funktioniert hat.

Wenn auf diese Weise erste Ideen entstanden sind, werden diese so konkretisiert, dass der Schüler einen Handlungsplan hat, mit dem er das gewünschte Ziel erreichen kann. Wichtig ist dabei, dass die Planung realistisch und umsetzbar bleibt.

Sie können sich in dieser Phase auch an den im Entwicklungsgespräch (siehe Kapitel 3) dargestellten Gesprächstechniken der Skalierung und der Lösungssuche in kleinen Schritten orientieren.

L.: *„Überlege doch noch einmal, was du tun könntest, damit du es schaffst, rechtzeitig in der Schule zu sein."*

S.: *„Naja, ich könnte mir vielleicht noch einen zweiten Wecker hinstellen, der besonders laut ist."*

L.: *„Wie genau stellst du dir denn vor, dass dir das helfen kann?"*

S.: *„Also, ich denke, dass ich durch die Lautstärke so wach werde, dass ich dann auch aufstehe."*

L.: *„Ok, und wie sicher bist du dir, dass das tatsächlich funktioniert?"*

S.: *„Keine Ahnung, vielleicht 50 Prozent."*

L.: *„Die Chancen stehen also 1:1, dass das klappt oder nicht klappt."*

S.: *„Hm."*

L.: „Ist dir das sicher genug?"
S.: „Meine Mutter soll auf keinen Fall kommen."
L.: „Heißt das, dass dir die Lösung noch zu unsicher ist?"
S.: „Ja."
L.: „Dann schlage ich vor, dass wir eine Möglichkeit finden, bei der du selbst sicherer bist, dass sie funktioniert."

Während es sich in einer solchen Situation durchaus anbietet, den Schüler nach weiteren Ideen zu fragen, ließe sich hier auch die Frage nach einer Ausnahme einsetzen, in der das gewünschte Verhalten zwischenzeitlich doch gezeigt wurde. Sollte es diese geben, können Sie den Schüler näher dazu befragen, wie sich die Ausnahmesituation von den anderen Situationen unterscheidet bzw. wie es der Schüler in der erfolgreichen Situation geschafft hat.

L.: „Gab es denn eigentlich in der Zeit, seitdem deine Mutter ihren neuen Job hat, mal Tage, an denen du es geschafft hast, pünktlich zum Unterricht zu kommen?"
S.: „Ja, schon, das war, als meine Oma bei uns übernachtet hat. Die hat mich dann geweckt."
L.: „Das hört sich so an, als würde es dir helfen, wenn jemand anderes dich unterstützt."
S.: „Ja, vielleicht."
L.: „Und welche Ideen hast du dazu, wer das sein könnte?"
S.: „Also, die Oma nicht, die wohnt zu weit weg."
L.: „Wen könntest du denn sonst fragen?"
S.: „Timo, ich könnte vielleicht Timo fragen, ob der mich abholen könnte. Der ist morgens auch allein, aber der schafft das irgendwie. Er kommt sowieso an unserem Haus vorbei – vielleicht will er ja auch mit mir frühstücken …"
L.: „Timo zu fragen, hört sich für mich nach einer guten Idee an. Wann könntest du deine Idee mit ihm besprechen?"

S.: „Ich könnte ihn heute noch anrufen und ihn fragen, ob er morgen schon vorbeikommen kann."
L.: „Das wäre prima. Wie sicher bist du dir, dass du ihn erwischst?"
S.: „Das klappt, da bin ich ganz sicher."

Phase 7: Vereinbarung und Abschluss
Ist ein Lösungsansatz gefunden, so fassen Sie diesen zusammen und treffen eine Vereinbarung bezüglich des weiteren Vorgehens.

L.: „Na gut, dann schlage ich vor, dass du mir morgen kurz Bescheid sagst, ob Timo bereit ist, dich auf diese Weise zu unterstützen. Wenn es klappt, dann treffen wir uns in 14 Tagen noch einmal und sprechen darüber, wie gut der Plan funktioniert hat, und ob es so weiterlaufen kann – oder ob wir noch nach einer anderen Lösung suchen müssen."

Falls es Ihnen sinnvoll und passend erscheint, können Sie die Vereinbarung auch vom Schüler aufschreiben lassen oder selbst schriftlich festhalten und vom Schüler unterschreiben lassen. Abschließend drücken Sie Ihre Zufriedenheit darüber aus, dass das Ziel auf diese Weise in erreichbare Nähe gerückt ist, und verabschieden sich von dem Schüler.

4.5 Nachbereitung

Damit das Gespräch nachhaltig erfolgreich sein kann und Sie Ihre Glaubwürdigkeit bewahren, ist es unerlässlich, dass Sie das vereinbarte Nachgespräch bzw. die vereinbarte Form der Überprüfung auch tatsächlich durchführen. Sollten Sie dabei den Eindruck gewinnen, dass der Schüler das gewünschte Verhalten nicht zeigt oder ohne weitere Unterstützung nicht zeigen kann, so sollten Sie die angedrohten Konsequenzen bzw. weitere unterstützende Maßnahmen einleiten.

4.6 Leitfaden Kritikgespräch

(Kurzleitfaden auf CD)

Phase	Zentrale Aspekte und Methoden	Anmerkungen; beispielhafte Fragen und Formulierungen
Vorbereitung	Innere Klärung	Was stört mich? Was will ich? Bin ich dazu berechtigt? Ist die Schülerin bzw. der Schüler in der Lage, das gewünschte Verhalten zu zeigen?
	Organisation: Zeitrahmen; Raum	Wann? Wie lange? Wo?
	Klärung der eigenen Haltung, mit der ich ins Gespräch gehe; Kompetenzkarteikarte Ggf. Reframing	Wie kann ich das Gespräch wertschätzend eröffnen?
Beginn/ Klärungen	Blickkontakt, Freundlichkeit; Klarheit und konfrontative Haltung Gesprächsziel benennen	„Ich möchte durch dieses Gespräch erreichen, dass wir in Zukunft im Unterricht gut miteinander auskommen."
Kritikwürdigen Sachverhalt benennen	Sachverhalt ruhig, kurz, sachlich und konkret beschreibend ansprechen Fakten nennen und konkrete Beispiele, was passiert ist	„Ich habe beobachtet, dass du ... Das ärgert mich und stört mich beim Unterrichten."
	Auswirkungen des kritisierten Sachverhalts auf die Schule und die schulischen Leistungen benennen Keine Abwertungen, keine Unterstellungen, Vermutungen als solche kennzeichnen, kein Vorwurf-Rechtfertigungs-Schema, keine (Pseudo-)Diskussion	„Wenn du dieses Verhalten nicht abstellst, wird das dazu führen, dass du ..."
Aussprechen der Kritik	Kritik unmissverständlich aussprechen (Rüge, Missbilligung, Ermahnung) Konsequenzen für den Schüler nennen	„Ich missbillige ... Wenn du noch einmal ..., wird es folgende Konsequenzen haben: ..."
Stellungnahme	Offenheit für die Sichtweise derer, die kritisiert wurden	„Was möchtest du zu dieser Sache sagen?"

Phase	Zentrale Aspekte und Methoden	Anmerkungen; beispielhafte Fragen und Formulierungen
Zielperspektive und Beratungsangebot	Den gewünschten Endzustand benennen Beratung anbieten; Kooperationsbereitschaft und Zuversicht stärken	„Ich möchte, dass du dich auf den Unterricht konzentrierst und mitarbeitest." „Ich biete dir an, gemeinsam zu überlegen, wie du das schaffen kannst." „Ich bin sicher, wir werden das gemeinsam hinkriegen."
Lösungssuche	Lösungsvorschläge erfragen und ruhig sowie anerkennend anhören Überprüfen, ob die Lösungsvorschläge den eigenen Vorstellungen genügen Ggf. die Realisierbarkeit thematisieren Kleine Schritte! Eventuell nach Ausnahmen fragen	„Welche Ideen hast du, wie du dein Verhalten in Zukunft verändern wirst?" „Wie genau wird das funktionieren? Was noch?" „Was kannst du **stattdessen** tun?" „**Wie** wirst du es tun?" „Woran wirst du merken, dass du dich anders verhältst?" „Was **genau** wirst du tun?" „Was wirst **du** tun?" „Schaffst du das? Wie schätzt du die Wahrscheinlichkeit ein, dass du …?" „Wann, denkst du, bist du so weit, dass du …? Wann willst du damit anfangen?" „Wie stark ist deine Hoffnung, dass du das schaffst?" „Wann fällt es dir leicht, …? Was machst du, wenn es besser ist?"
Vereinbarung und Abschluss	Vorschlag wiederholen und Zufriedenheit damit ausdrücken Feedback-Zeitpunkt vereinbaren Ggf. schriftlich fixieren (Vertrag) Positives Fazit des Gesprächs Abschied	„Du wirst also … Das hört sich gut für mich an. Und in … Tagen/Wochen werden wir besprechen, wie gut es funktioniert." „Ich freue mich, dass du eine gute Lösung gefunden hast. Ich gehe davon aus, dass du das jetzt schaffst."
Nachbereitung	Durchführung der vereinbarten Maßnahmen – so weit wie möglich kontrollieren	

5 Informationsgespräch

5.1 Anlässe

Ellen, Schülerin der 12. Klasse eines Gymnasiums, möchte von ihrem Mathematiklehrer wissen, wie sich ihre Quartalsnote begründet und was sie tun kann, um diese Note zu verbessern.

Frau und Herr Schmidt gehen am Elternsprechtag zum Klassenlehrer ihrer Tochter, um sich darüber zu informieren, wie ihre Tochter „sich in der Schule macht".

Die Wahlmöglichkeiten und die Bestimmungen der gymnasialen Oberstufe sind auf einem Informationsabend einer Gesamtschule vorgestellt worden. Anton und Elvira benötigen weitere Informationen zu ihrer Fächerwahl. Sie haben beim Informationsabend nicht alles verstanden und überblicken die Konsequenzen ihrer Wahlentscheidungen nicht.

Im schulischen Alltag führen Sie vielfältige Gespräche, in denen Sie über Sachverhalte informieren bzw. auf eine Frage hin eine sachliche Antwort geben. Sie werden dabei als eine Person angesehen, die das notwendige Fachwissen besitzt, bereit ist, dieses zur Verfügung zu stellen, und als glaubwürdig gilt. Ihre Gesprächspartner können Lernende sein, Eltern oder auch Kolleginnen. Viele Auskünfte geben Sie „nebenbei", im Rahmen des Unterrichts oder in den Pausen zwischen zwei Unterrichtsstunden. Sind die Informationen jedoch komplex oder zu bedeutsam, um sie in kurzer Zeit oder nur beiläufig zu vermitteln, so sollten Sie lieber einen Termin für ein Informationsgespräch vereinbaren, um sicherzustellen, dass die Informationen auch ankommen und verarbeitet werden können.

Zudem stehen in der Schule routinemäßig Informationsgespräche an, z. B. im Rahmen der Laufbahnberatung. Sie sind anlass- und themenbezogen, meist langfristig geplant und werden zeitlich terminiert in einer bestimmten Struktur geführt. Der Elternsprechtag stellt eine besonders wichtige und für Sie als Lehrkraft häufig belastende Struktur für Gespräche dar. Auf die Gesprächsführung am Eltern- oder Schülersprechtag wird aus diesem Grund weiter unten gesondert eingegangen.

Sie können mit größerer Sicherheit und Rollenklarheit in ein Informationsgespräch gehen, wenn Sie zuvor geklärt haben, dass es voraussichtlich ausreicht, über einen Sachverhalt nur zu informieren, und dass weitergehende Maßnahmen wie eine Konfliktklärung, ein Kritikgespräch oder eine ausführliche Beratung nicht notwendig sind. Geht es z. B. um den Leistungsstand eines Schülers, so reicht ein Informationsgespräch dann aus, wenn dieser mit der Information umgehen und – falls notwendig – eigenständig Konsequenzen daraus ziehen kann. Fehlen ihm hierzu jedoch die nötigen Lernstrategien, ist er nicht in der Lage, sich zu organisieren oder vermuten Sie andere schulische oder außerschulische Probleme, die er aus eigener Kraft nicht bewältigen kann, so ist möglicherweise ein allgemeines Beratungsgespräch oder ein Entwicklungsgespräch angezeigt.

Im Vorfeld ist diese Frage nicht immer eindeutig zu klären. Bisweilen tauchen andere Anliegen auch unverhofft erst während eines Informationsgesprächs auf. Beispielsweise kann es vorkommen, dass die Informationen, die Sie geben, bei Ihrem Gegenüber Diskussionsbedarf auslösen: über Ihren Unterrichtsstil, den hohen Unterrichtsausfall, den schlechten Stundenplan, die eingeschränkten Wahlmöglichkeiten der Schule, die mangelnde Ausstattung der Schule etc. Oder es wird anlässlich der gegebenen Informationen über schwerwiegende Probleme im Elternhaus berichtet, die es einer Schülerin unmöglich machen, ihren schulischen Verpflichtungen nachzukommen.

Sie können ein Informationsgespräch entspannter führen, wenn Sie schon vor Gesprächsbeginn für sich selbst geklärt haben, welche Möglichkeiten Ihnen zur Verfügung stehen, falls weitergehende Anliegen auftauchen bzw. wie Sie mit solchen Anliegen umgehen wollen. Können oder wollen Sie ggf. ein weiteres Gesprächsangebot machen? Gibt es andere Personen oder Institutionen innerhalb oder außerhalb der Schule, an die Sie verweisen können? Je klarer Ihnen schon im Vorfeld ist, wie Sie mit möglicherweise auftauchenden weitergehenden Anliegen umgehen können und wollen, desto weniger laufen Sie Gefahr, das Informationsgespräch mit anderen Gesprächsformen wie Konflikt- oder Beratungsgesprächen zu vermischen (siehe Stolpersteine).

5.2 Ziele der Lehrkraft

Das Ziel eines Informationsgesprächs liegt darin, Klarheit über einen Sachverhalt herzustellen, indem Sie als Experte Informationen und gegebenenfalls fachliche Hilfen geben.

5.3 Vorbereitung des Gesprächs

Inhaltliche Vorbereitung

Grundlage jedes Informationsgesprächs ist es, dass Sie selbst über den Sachverhalt umfassend informiert sind. Geht es beispielsweise um die Schullaufbahn, sollten Sie nicht nur die rechtlichen, organisatorischen und fachlichen Bedingungen präsent haben, sondern auch die Konsequenzen von Wahlentscheidungen überblicken. Wollen Sie den Leistungsstand einer Schülerin thematisieren, gehört es zur Gesprächsvorbereitung, einen Überblick über die Ergebnisse von Klausuren und Leistungsüberprüfungen sowie von anderen Teilbewertungen geben zu können. Darüber hinaus sollten Sie sich vergegenwärtigen, welche weiteren Informationen Sie in dem Gespräch vermitteln wollen und welcher Art diese Informationen sind. Geht es um sachbezogene Daten oder persönliche Einschätzungen und Interpretationen? Wollen Sie die Schülerin über Ihren Eindruck informieren, dass sie aufgrund ihrer Fehlzeiten zunehmend in fachliche Schwierigkeiten gerät oder über die genaue Anzahl ihrer Fehlstunden? Je klarer Ihnen im Vorfeld ist, welche Informationen Sie vermitteln wollen, desto prägnanter und entspannter können Sie im Gespräch das vermitteln, was Ihnen wichtig ist.

Bereitlegen der Materialien

Damit die Informationen beim Adressaten auch ankommen, ist es wichtig, sich zu überlegen, wie Sie diese vermitteln können und welche Materialien Sie hierbei unterstützen können. Vielleicht gibt es Übersichten, Grafiken oder sonstige Materialien, die einen Sachverhalt veranschaulichen. Vielleicht können Sie während des Gesprächs Ihre Aussagen durch eigene Visualisierungen unterstützen. Stellen Sie sicher, dass Sie das Material, welches Sie benötigen, während des Gesprächs griffbereit haben – und sei es nur ein Blatt und Stifte. Hilfreich sind auch Broschüren, Informationsmaterialien oder Internetadressen, die Sie den Lernenden oder Eltern zur Verfügung stellen können und anhand derer diese sich zu Hause weiter informieren können. Es hat sich bewährt, Informationen, die Sie erfahrungsgemäß immer wieder in Gesprächen geben müssen, in schriftlicher Form auf einem Merkblatt festzuhalten.

Organisatorische Vorbereitung

Im hektischen Alltag der Schule ist die Versuchung groß, kurze Informationsgespräche auf dem Flur zu führen. Auf dem Weg von einem Klassenraum in den anderen werden Sie als Lehrkraft von Lernenden oder anderen Lehrkräften angesprochen, die „mal eben" diese oder jene Information benötigen. Natürlich gibt es Anfragen, die Sie problemlos und spontan beantworten können. Abgesehen von solch eindeutigen Fällen, sollten Sie jedoch auch für ein kurzes Informationsgespräch einen freien Raum oder ein Besprechungszimmer aufsuchen und ein Zeitfenster reservieren. Sie sorgen dadurch nicht nur dafür, dass Sie während des Gesprächs ungestört bleiben und schonen so Ihre Nerven. Sie betonen vielmehr damit auch die Bedeutung der Information und drücken Ihre Wertschätzung gegenüber dem Gesprächspartner aus.

Der Zeitrahmen, den Sie für ein Informationsgespräch ansetzen, ist in der Regel wesentlich kürzer als der, den Sie für andere Gesprächsformen benötigen. Er beträgt meist etwa fünf bis zehn Minuten.

Beispiel „Erwin"

Die Leistungen von Erwin, einem Schüler in der Einführungsphase der gymnasialen Oberstufe, werden im Fach Mathematik von seiner Lehrerin, Frau Kerner, als nicht ausreichend bewertet. Frau Kerner, hat jedoch den Eindruck, dass Erwin sich selbst falsch einschätzt und glaubt, dass seine Mathematiknote mindestens ausreichend ist. Frau Kerner geht davon aus, dass Erwin seine Leistungen eigenständig verbessern wird, wenn er Klarheit über seine jetzige Note, die Bewertungsmaßstäbe sowie die Versetzungsordnung erlangt.

Ihm fehlen ihrer Einschätzung nach weder Kenntnisse über Lernstrategien noch vermutet sie sonstige schulische oder außerschulische Schwierigkeiten, die eine Lernberatung oder ein Beratungsgespräch erfordern würden. Frau Kerner entschließt sich daher, ein kurzes Informationsgespräch zu führen, um ihn über seinen Leistungsstand, die Bewertungskriterien und die Versetzungsordnung zu informieren.

Frau Kerner hat dienstags nach der Mathematikstunde in Erwins Kurs eine Freistunde und weiß, dass in dieser Stunde der Unterrichtsraum frei ist. Am Tag zuvor spricht sie Erwin auf dem Flur an:

Frau Kerner: „Erwin, wäre es möglich, dass Sie morgen am Ende der Mathematikstunde noch fünf Minuten länger bleiben? Ich möchte gerne etwas mit Ihnen besprechen. Es geht um Ihren Leistungsstand"

Erwin: „Wie stehe ich denn im Moment?"

Frau Kerner: „Genau darüber möchte ich gerne mit Ihnen sprechen."

Erwin: „Das können Sie mir doch auch jetzt schnell sagen."

Frau Kerner: „Mir ist die Sache zu wichtig, um Ihnen das jetzt hier zwischen Tür und Angel zu sagen. Deshalb bitte ich Sie, bis morgen zu warten. Können Sie denn fünf Minuten länger bleiben?"

Erwin: „Ja, okay."

Frau Kerner: „Gut, dann bis morgen."

Frau Kerner bereitet das Gespräch vor, indem sie die Liste mit allen Teilbewertungen von Erwin sowie Papier und einen Stift bereitlegt, um ihre Aussagen zur Versetzungsordnung visualisieren zu können.

5.4 Gesprächsphasen

Phase 1: Gesprächsbeginn/Klärungen

Falls Sie bislang keinen Kontakt zu Ihrem Gesprächspartner hatten, so stellen Sie sich nach einer freundlichen Begrüßung zunächst vor. Sie machen – falls das nicht schon bekannt ist – deutlich, in welcher Funktion und mit welcher Zielsetzung Sie das Gespräch führen. Sind Sie etwa die für eine Stufe zuständige Leitung, so erläutern Sie, dass es als Stufenleitung Ihre Aufgabe ist, bezüglich der an Ihrer Schule möglichen Fächerwahlen zu informieren und die laufbahnrechtlichen Konsequenzen von Wahlentscheidungen zu verdeutlichen. Wollen Sie als Klassenlehrer über den Leistungsstand oder das Sozialverhalten einer Schülerin informieren, so machen Sie deutlich, dass Sie in Ihrer Funktion als Klassenleitung den momentanen Stand in allen Fächern zusammengetragen haben und hierüber informieren wollen. Hat Ihr Gegenüber um das Gespräch gebeten, so bitten Sie, darzulegen, welche Informationen von Ihnen erwartet werden. Ging das Gespräch von Ihnen aus, so erläutern Sie, aus welchem Grund Sie das Gespräch suchen und was Ihre Zielsetzung für dieses Gespräch ist. Benennen Sie zur Orientierung für alle Beteiligten sodann den Zeitrahmen, der für dieses Gespräch zur Verfügung steht.

Phase 2: Information

Wie Sie Ihre Informationen vermitteln, hängt von zahlreichen Faktoren ab: z. B. von der Art und Komplexität der Informationen, dem Kenntnisstand und der Auffassungsgabe Ihres Gegenübers. Informationen zu vermitteln, gehört zu Ihren täglichen Aufgaben im Unterricht und als Lehrkraft dürfte es Ihnen nicht schwer fallen, hier aus Ihrem didaktisch-methodischen Repertoire zu schöpfen. Es sei hier nur an die für die Gestaltung der eigenen Kommunikation besonders wichtigen vier Verständlichmacher von Schulz von Thun erinnert:

- Einfachheit statt Kompliziertheit
    - Einfache Sätze
    - Bekannte Wörter
    - Keine unnötigen Fremdwörter
- Gliederung/Ordnung statt Unübersichtlichkeit und Zusammenhanglosigkeit
    - Klarer Aufbau
    - Thematischer Bezug und Themengliederung
    - Zusammenfassungen
    - Klarheit der Zusammenhänge
- Kürze/Prägnanz statt Weitschweifigkeit
    - Kurze Sätze
    - Klare eindeutige Formulierungen
    - Konzentration auf das Wesentliche
- Zusätzliche Anregung statt trockene Berichterstattung
    - Konkrete und anschauliche Formulierungen
    - Erläuterung durch Beispiele
    - Gegebenenfalls Visualisierung

Phase 3: Abschluss

Zum Abschluss fragen Sie nach, inwieweit die Informationen bei Ihrem Gegenüber angekommen sind und welche offenen Fragen oder Anregungen es noch gibt. Gegebenenfalls können Sie auf weitere Informationsquellen wie schriftliches Material, Internetseiten, noch ausstehende Informationsabende etc. verweisen. Haben sich über den Wunsch nach Information hinausgehende Anliegen ergeben, so klären Sie, wie hiermit umgegangen werden kann. Hierzu müssen Sie abschätzen, inwieweit Sie bei dessen Lösung behilflich sein können oder wollen. Falls Ihnen dies sinnvoll zu sein scheint und Sie bereit dazu sind, können Sie ein weiteres Gespräch zu einem anderen Zeitpunkt anbieten. Je nach Thematik bietet es sich jedoch eher an, ein Gespräch im Elternhaus anzuregen oder einen Termin bei der Schulleitung, der Elternvertretung, der Beratungslehrerin, dem Schulsozialarbeiter oder einer außerschulischen Stelle zu vermitteln. Vielleicht vereinbaren Sie jedoch auch, erst einmal abzuwarten und eine kurze Rückmeldung zu einem bestimmten Zeitpunkt zu geben. In jedem Fall ist es wichtig, das Gespräch zu einem Abschluss zu führen, der klärt, inwieweit das Ziel des Gesprächs erreicht werden konnte und ob sich weitere Maßnahmen hieran anschließen müssen.

Das Gespräch, welches im obigen Beispiel von Frau Kerner vorbereitet wurde, könnte folgenden Verlauf nehmen:

Frau Kerner: „Schön, dass Sie noch fünf Minuten Zeit haben. Ich möchte Sie kurz über Ihren Leistungsstand in Mathematik informieren, da ich Ihre Versetzung als gefährdet ansehe und nicht weiß, ob Ihnen das klar ist."

Erwin: „Wieso das denn? Ich habe doch die Klausur 4– geschrieben."

Frau Kerner: „Ja, das ist richtig. Ich zeige Ihnen hier noch einmal, wie sich die Note zusammensetzt …"

Frau Kerner zeigt die Liste, in der die Bewertungskriterien für die Sonstige Mitarbeit aufgelistet sind und erläutert die Teilbenotungen und wie sich hieraus die Gesamtnote 5+ ergibt.

Erwin: „Ja, das stimmt so, aber ich arbeite im Unterricht deshalb oft nicht mit, weil der Andy mich immer ablenkt."

Frau Kerner: „Wenn Sie durch Andy gestört werden, so ist es gut, dass Sie das ansprechen und es ist sicher wichtig, dass Sie sich Gedanken darüber machen, wie Sie konzentrierter arbeiten können. Falls Sie hierbei meine Hilfe benötigen, so biete ich Ihnen gerne ein Gespräch an, in dem wir nach Lösungen suchen können. Das möchte ich jetzt nicht ad hoc in fünf Minuten abhandeln."

Erwin: „Hm."

Frau Kerner: „Es gibt noch einen zweiten Punkt, auf den ich Sie aufmerksam machen will, nämlich die Versetzungsordnung. Ist Ihnen klar, wie sich eine 5 in Mathematik auf die Versetzung auswirkt?"

Erwin: „Wenn ich einen Ausgleich habe, dann darf ich doch eine 5 haben? Oder?"

Frau Kerner: „Das stimmt nur dann, wenn Sie den Ausgleich in Englisch oder Deutsch haben."

Frau Kerner nimmt einen Zettel und schreibt die verschiedenen Notenkombinationen in den Hauptfächern auf, bei denen Erwin versetzt würde und erläutert diese. Sie bietet Erwin an, diesen Zettel als Erinnerung mitzunehmen.

Auf Nachfrage von Frau Kerner bestätigt Erwin, dass er alles verstanden hat: Ihm sind die Bewertungskriterien im Fach Mathematik und sein momentaner Leistungsstand ebenso klar wie die Konsequenzen einer mangelhaften Leistung für die Versetzung. Sollte er weitere Unterstützung brauchen, wird er Frau Kerner ansprechen oder einen Termin bei seinem Beratungslehrer vereinbaren.

5.5 Nachbereitung

Insbesondere in den Fällen, in denen Sie mit späteren Rückfragen rechnen müssen, hat sich eine Dokumentation des Gesprächs in einer kurzen Gesprächsnotiz bewährt (siehe Vorlage in Kapitel 10 und auf der CD).

Informationsgespräche an einem Schüler- oder Elternsprechtag

Der Schüler- oder Elternsprechtag ist für Sie als Lehrkraft meist sehr kräftezehrend und herausfordernd. In den meisten Schulen können die Lernenden bzw. deren Eltern einen Termin in einer von der Schule vorgegebenen Zeitstruktur auswählen. Die Gespräche sind zeitlich eng getaktet. In der Regel stehen pro Gespräch 10 bis 15 Minuten zur Verfügung. In dieser kurzen Zeit sollen Sie den Eltern wichtige Informationen über den Leistungsstand ihres Kindes geben und auf die Fragen der Eltern möglichst fundiert eingehen können. Gerade bei den jüngeren Kindern melden sich oftmals fast alle Eltern an, sodass Sie sehr viele Gespräche an einem Tag führen müssen, schnell unter Zeitdruck geraten können und dann nicht dazu kommen, ausreichende Pausen einzulegen. Um dieser Überforderung zu entgehen, sind zwei Dinge besonders hilfreich: Klarheit über den Gesprächscharakter und gute Vorbereitung.

Ein Gespräch am Elternsprechtag hat aufgrund der Kontextbedingungen den Charakter eines reinen Informationsgespräches. Es sollte nicht vermischt werden mit einem Beratungs-, Kritik- oder Konfliktgespräch. Im Mittelpunkt steht die Information über den Leistungsstand der Schülerin, gegebenenfalls noch über deren Lernverhalten und soziale Integration in der Klasse. Werden von den Eltern Probleme oder Konflikte angesprochen, die eine ausführlichere Bearbeitung verlangen, oder möchten Sie mit Eltern ein derartiges Thema besprechen, sollten Sie dieses Anliegen wertschätzen und einen eigenen Termin mit ausreichend Zeit vereinbaren. *„Sie haben ein wichtiges Thema angesprochen. Damit wir es gut besprechen und zu einer guten Lösung kommen können, sollten wir uns ausreichend Zeit nehmen. Deswegen möchte ich mit Ihnen einen Termin vereinbaren, an dem dies möglich ist."*

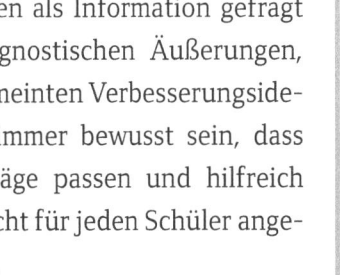

Je besser Sie sich auf den Elternsprechtag vorbereiten, desto entspannter können Sie die einzelnen Gespräche führen. Da Sie einen Plan haben, wann welche Eltern am Elternsprechtag zu Ihnen kommen, können Sie sich auf jedes einzelne Gespräch einstellen:

Welche Informationen habe ich über die jeweilige Schülerin? Welche Informationsmaterialien will ich bereitliegen haben? Welche möchte ich den Eltern mitteilen? Ist es notwendig, dass ich mir zu diesem Schüler ein paar Stichworte mache oder werden mir alle wichtigen Informationen präsent sein? Kenne ich die Eltern schon und welche Erfahrung habe ich mit ihnen gemacht oder wird es mein erster Einzelkontakt zu ihnen sein? Wie kann ich den Eltern meine Informationen verständlich vermitteln?

Für eine klare Kommunikation mit den Eltern ist es wichtig, dass Sie sich schon in der Vorbereitung klar machen, welche Informationen Sie vermitteln wollen und um welche Art der Information es sich dabei handelt. Zu unterscheiden sind sachbezogene Daten wie Zensuren von persönlichen Einschätzungen über mögliche Ursachen, von Eltern ggf. gewünschten Verbesserungsvorschlägen oder prognostischen Äußerungen über die mögliche weitere Entwicklung der Schülerin. Hier werden Sie als Expertin angesprochen, deren Erfahrung und Wissen als Information gefragt ist. Gerade bei prognostischen Äußerungen, aber auch bei gut gemeinten Verbesserungsideen sollten Sie sich immer bewusst sein, dass rezeptartige Vorschläge passen und hilfreich sein können, aber nicht für jeden Schüler angemessen sein müssen.

5.6 Leitfaden Informationsgespräch

(Kurzleitfaden auf CD)

Phase	Zentrale Aspekte und Methoden	Anmerkungen; beispielhafte Fragen und Formulierungen
Vorbereitung	Sich selbst informieren Unterlagen bereitlegen	Welche Informationen will ich geben? Welche dieser Informationen sind sachbezogene Daten, bei welchen handelt es sich um persönliche Einschätzungen oder um Interpretationen? Welche Unterlagen benötige ich (Notenlisten, Bestimmungen, Laufbahninformationen etc.)? Welche rechtlichen, fachlichen, organisatorischen Bedingungen sollten mir präsent sein?
	Art der Vermittlung überdenken Materialien bereithalten	Welche Voraussetzungen bringt mein Gegenüber mit? Wie kann ich meine Informationen so vermitteln, dass sie verstanden werden (siehe „Vier Verständlichmacher")? Welche Unterlagen und Materialien brauche ich, um Sachverhalte zu veranschaulichen? Gibt es Materialien, die ich zur Verfügung stellen kann? Gibt es Broschüren, Informationsmaterialien, Internetadressen oder andere Informationsquellen, anhand derer meine Informationen vertieft werden können?
	Charakter des Gesprächs überprüfen Umgang mit „weitergehenden" Anliegen überdenken	Geht es mir nur um Information oder ist damit zu rechnen, dass Anliegen auftauchen, die im Informationsgespräch nicht bearbeitet werden können (Vorwürfe; Beratungsanliegen). Wie will ich ggf. damit umgehen? Wäre ich bereit, weitere Gespräche anzubieten? An welche anderen Stellen/Personen kann ich bei Bedarf verweisen?
	Organisation: Zeitrahmen; Raum	Wann? Wie lange? Wo?
Beginn/ Klärungen	Begrüßung; Kontakt aufnehmen; Blickkontakt; Freundlichkeit und Ruhe	Ggf. einführende Worte zur Kontaktaufnahme „Haben Sie gut hergefunden?" etc.
	Ggf. Vorstellung der eigenen Person und Funktion (z. B. Stufenleitung)	Vorstellen, in welcher Funktion Sie die Informationen geben. Ggf. insbesondere bei negativen Informationen: Zuvor Stärken des Kindes erwähnen.
	Zeitrahmen; Anlass und Ziel benennen	Überblick über die Informationen und den Gesprächsanlass geben.

Phase	Zentrale Aspekte und Methoden	Anmerkungen; beispielhafte Fragen und Formulierungen
Information	Informationen geben Methodik gemäß Art und Komplexität der Thematik, Kenntnisstand und Auffassungsgabe des Gegenübers	Einfache Formulierungen; gegliedert; prägnant; wenn möglich an Beispielen erläutern und visualisieren; ergänzende Materialien bereithalten
Abschluss	Zusammenfassung	„Inwieweit konnten wir Klarheit bezüglich Ihrer Fragen herstellen?" „Welche weiteren Fragen haben Sie?"
	Ggf. Hinweis auf weitere Informationsquellen	„Sollten sich noch weitere Fragen ergeben, so können Sie sich gerne an … wenden."
	Ggf. Verabredung bezüglich weitergehender Anliegen und weitere Vereinbarungen	„Weitere Informationen finden Sie hier …" „Sie können alles in Ruhe nachlesen, wenn Sie auf die Internetseite XY gehen."
	Verabschiedung	Intervention bei über die Information hinausgehenden Anliegen: „Es scheint mir wichtig, dieses Thema in Ruhe zu besprechen. Ich schlage Ihnen vor, dass wir … (siehe oben) …"
Nachbereitung	Dokumentation des Gesprächs	Datum; Namen; Absprachen festhalten (siehe Vorlagen zur Dokumentation)

6 Konflikt- und Vermittlungsgespräch

6.1 Anlässe

Tobias und Peter besuchen die 5. Klasse einer Gesamtschule in einer Kleinstadt. Sie wohnen beide in einem kleinen Ort, sind seit ihrer Kindergartenzeit miteinander befreundet und fahren gemeinsam mit dem Bus zur Schule. Seit ihrem Wechsel zur Gesamtschule geraten sie dabei immer wieder in Streit miteinander. Sie beschuldigen sich gegenseitig, sich beleidigt zu haben, und waren schon mehrere Male noch vor Beginn des Unterrichts in eine Schlägerei verwickelt.

Nicole und Diana besuchen die 10. Klasse einer Hauptschule. Seit Nicole eine Beziehung mit dem besten Freund von Diana angefangen hat, rächt sich Diana mit Hasstiraden auf Facebook. Die Feindschaft zwischen den beiden beeinflusst zunehmend das Klassenklima, sodass die ganze Klasse darunter leidet.

Der sehr beliebte Mathematiklehrer der Klasse 9b eines Gymnasiums wurde pensioniert. Die Nachfolgerin Frau Rescher kommt mit dem Verhalten der Klasse ebenso wenig klar wie die Klasse mit dem Unterrichtsstil von Frau Rescher. Die Klassenlehrerin wird um Vermittlung gebeten.

Konflikte gehören zum Schulalltag. Streitereien zwischen Lernenden, Auseinandersetzungen zwischen Lernenden und Lehrkräften oder Konflikte im Kollegium, all das belastet Lehrkräfte emotional nicht selten mehr als die eigentliche unterrichtliche Tätigkeit.

Gerade jüngere Kinder wenden sich bei alltäglichen Streitereien recht häufig mit der Bitte um Unterstützung an ihre Lehrkraft. „Der Peter hat mich gehauen!" oder „Nicole hat meine Tasche versteckt!" So oder ähnlich lauten die Klagen, die jede Pausenaufsicht unzählige Male hört. Die Lehrkraft soll Recht sprechen und dafür sorgen, dass dem klagenden Schüler Recht widerfährt. Sofern es sich nicht um schwerwiegende Grenzverletzungen oder Tätlichkeiten handelt, die unbedingt eine Sanktion erfordern (siehe Kapitel 8 Stolpersteine), bedürfen solche Streitereien und Auseinandersetzungen in der Regel keiner langen Gespräche, um sie zu lösen. Oftmals reicht es aus, dass Sie als erwachsene Autorität eine klare und eindeutige Stellung beziehen und Orientierung geben: „Sage dem Peter: ‚Herr Müller hat gesagt, das darf er nicht.'" Verblüffend und legendär ist die Wirkung dieser Standardintervention: Der klagende Schüler zieht zufrieden davon. Ausgestattet mit der Autorität, die die klare Aussage der Pausenaufsicht übermittelt, gelingt es ihm in der Regel, die Situation eigenständig und schnell zu klären.

Langanhaltende Streitereien, die immer wieder auftauchen und oftmals den Unterricht nachhaltig stören, sind dagegen nicht so einfach zu lösen. Ihnen liegt meist ein Konflikt zugrunde, mit dem die Beteiligten nicht konstruktiv umgehen und den sie ohne äußere Hilfe nicht lösen können. In solchen Fällen kann die Lehrkraft ein Vermittlungsangebot machen und die Kontrahenten zu einem Gespräch einladen. Auch Konflikte zwischen einer Lehrkraft und einzelnen Schülern oder einer ganzen Klasse können mithilfe eines Vermittlungsgesprächs unter bestimmten Voraussetzungen gelöst werden. Dies gilt auch für Konflikte im Kollegium. In allen Fällen hat sich die Struktur des im folgenden dargestellten Lösungs- und ressourcenorientierten Vermittlungsgesprächs (LVG©) bewährt.

6.2 Ziele der Lehrkraft

Beim Vermittlungsgespräch nimmt die Lehrkraft eine moderierende Funktion ein, bei der sie das Gespräch leitet und strukturiert, ohne wesentlichen Einfluss auf den Inhalt zu nehmen. Das Ziel besteht darin, für beide Seiten akzeptable Lösungen zu finden, die es ermöglichen, mit einem bestehenden Konflikt konstruktiv umzugehen oder ihn sogar gänzlich zu lösen.

6.3 Vorbereitung des Gesprächs

Bevor Sie sich für ein Vermittlungsgespräch entscheiden, sollten Sie die Erfolgsaussichten und Ihre Beziehung zu den Beteiligten einschätzen. Das Gespräch hat nur dann Sinn, wenn Sie selbst zumindest eine kleine Chance auf Erfolg sehen und wenn Sie sich zutrauen, im Gespräch eine neutrale Position zu verkörpern. Ist dies der Fall, und wollen Sie ein Vermittlungsgespräch führen, so müssen Sie zuvor sicherstellen, dass beide Seiten mit einem moderierten Gespräch einverstanden sind, Sie von beiden als Vermittlerin akzeptiert werden und eine gemeinsame Zielsetzung besteht.

Zur Vorbereitung des Gesprächs hat es sich als hilfreich erwiesen, kurze Vorgespräche mit den Beteiligten zu führen, in denen diese Voraussetzungen geklärt werden. In einem solchen Vorgespräch geht es zunächst vor allen Dingen darum, dass sich die Beteiligten entlasten können und Verständnis für ihre Situation und ihr Anliegen bei Ihnen finden. Ihre Aufgabe ist es, aktiv zuzuhören (siehe Aktives Zuhören im Glossar, S. 115 ff.) und herauszufinden, was Ihr Gegenüber genau bedrückt, was er beklagt und welche Veränderungswünsche er hat. Auf dieser Grundlage können Sie sodann eine Zielsetzung für das Vermittlungsgespräch vorschlagen, die einerseits möglichst konkret ist, andererseits so allgemein formuliert ist, dass beide Seiten sich hierin wiederfinden können. Mögliche Formulierungen sind z. B.: „Wie kann es gelingen, dass wir uns während der Busfahrt vertragen?" oder „… dass das Klima im Unterricht angenehm ist?" oder „…, dass angstfreies Lernen möglich ist?" oder „…, dass der Unterricht Spaß macht?" Das Ziel sollte in jedem Fall positiv formuliert sein, den Anliegen aller Beteiligten entsprechen und erreichbar erscheinen. Ist eine solche gemeinsame Zielsetzung nicht zu finden, so kann das Vermittlungsgespräch nicht geführt werden.

Auch dann, wenn Sie davon ausgehen, dass die Beteiligten Vertrauen zu Ihnen haben, ist es wichtig, in den Vorgesprächen noch einmal abzuklären, inwieweit sie Ihre Person als Vermittlerin akzeptieren können. Auch Ihre Rolle als Moderatorin, die das Gespräch als neutrale Person leitet und keinen inhaltlichen Einfluss nehmen will, sollte noch einmal erläutert werden. Dies ist insbesondere dann unbedingt notwendig, wenn Lernende auf der einen Seite sowie eine Lehrkraft auf der anderen Seite beteiligt sind. Die Hierarchie der Lehrkraft-Lernende-Beziehung und die Tatsache, dass die Lehrkraft aus dem Kollegium ist, erfordert eine hohe Achtsamkeit und gesicherte und vertrauensvolle Beziehungen zu beiden Seiten.

Der Raum, in dem das Gespräch stattfindet, sollte möglichst neutral sein, sodass keine der beiden Parteien hier einen „Heimvorteil" genießt. Entstammen die Kontrahenten etwa verschiedenen Klassen, bietet es sich an, das Gespräch im Klassenraum einer dritten Klasse zu führen, falls kein eigener Besprechungsraum zur Verfügung steht. Handelt es sich um einen Konflikt zwi-

schen einer Lehrkraft und Lernenden, wäre das Lehrerzimmer ein denkbar ungeeigneter Ort.
Es sollten mindestens 20 Minuten für das Gespräch zur Verfügung stehen.

> **Beispiel „Herr Förster"**
> *Die Lernenden der Klasse 9 einer Realschule beschweren sich immer wieder bei ihrer Klassenlehrerin, Frau Meyer, darüber, dass der Mathematiklehrer, Herr Förster, zu viele Hausaufgaben aufgebe, zu streng sei und sie wegen ihrer schlechten Mathematikkenntnisse beschimpfen würde. Gespräche mit dem Lehrer hätten kein Ergebnis erzielt. Gleichzeitig beklagt sich Herr Förster bei der Klassenlehrerin darüber, dass die Klasse im Unterricht mangelndes Arbeitsverhalten zeige, es zahlreiche Störungen gebe und die Hausaufgaben nicht gemacht würden. Er habe Sorge, dass die nächste Klassenarbeit noch schlechter ausfalle, als die letzte.*

Frau Meyer kann sich vorstellen, dass ein Gespräch zwischen Herrn Förster und Abgeordneten der Klasse zu einer Verbesserung der Situation beitragen könnte. Sie genießt das Vertrauen ihrer Klasse und hat auch zu Herrn Förster ein gutes kollegiales Verhältnis. In der großen Pause spricht sie Herrn Förster auf die unbefriedigende Situation im Mathematikunterricht ihrer Klasse an. Herr Förster erläutert noch einmal, wie sehr ihn der Unterricht in dieser Klasse belastet und dass er sich um den Unterrichtserfolg große Sorgen mache. Frau Meyer schlägt vor, ein Gespräch mit dem Klassensprecher und drei weiteren Vertreterinnen zu führen, um die Situation zu verbessern. Sie bietet ihm an, dieses Gespräch zu moderieren und schlägt folgende Zielsetzung vor: „Die nächste Klassenarbeit fällt besser aus als die letzte und die Atmosphäre im Unterricht ist entspannt." Herr Förster bemerkt zwar, dass eine angenehme Atmosphäre hierzu nicht ausreiche, ist aber dennoch mit dieser Zielsetzung einverstanden und will es auf einen Versuch ankommen lassen.

Frau Meyer schlägt der Klasse in der nächsten Unterrichtsstunde vor, das Gespräch mit Herrn Förster zu suchen. Sie erläutert ihre Rolle bei diesem Gespräch und schlägt die oben formulierte Zielsetzung vor. Nach einigen Diskussionen erklärt sich die Klasse mit der Zielsetzung einverstanden und wählt drei Schülerinnen aus, die die Klasse zusammen mit dem Klassensprecher im Gespräch vertreten sollen.

Da Herr Förster freitags in der 3. Stunde eine Freistunde hat und die vier von der Klasse Beauftragten in dieser Stunde beurlaubt werden können, lädt Frau Meyer alle für diese Stunde in den Besprechungsraum der Schule ein.

6.4 Gesprächsphasen

Phase 1: Gesprächsbeginn/Klärungen

Zu Beginn des Gesprächs begrüßen Sie als Moderatorin alle Beteiligten. Die Sitzordnung sollte so gestaltet sein, dass Sie einen Platz zwischen den „Kontrahenten" einnehmen, alle Personen sich gegenseitig sehen und gemeinsam auf ein großes Arbeitsblatt schauen können. Sind nur wenige Personen beteiligt, so ist es ideal, sich gemeinsam an einen Tisch zu setzen, auf dem ein großes Blatt, verschiedenfarbige dicke Filzstifte und Moderationskarten bereitliegen. Bei größeren Gruppen ist eventuell ein Flip-Chart oder eine Tafel erforderlich.

Sie eröffnen das Gespräch, indem Sie den Anlass des Gesprächs benennen und die Ergebnisse der Vorgespräche zusammenfassen, d.h. noch einmal Ihre Rolle als neutrale Moderatorin klären und die gemeinsame Zielsetzung formulieren. Der Anlass des Gesprächs wird nur sehr allgemein genannt, indem Sie etwa von „Schwierigkeiten", „Unzufriedenheit" oder der „Notwendigkeit, etwas zu ändern" sprechen. Vermeiden Sie es, an dieser Stelle Einzelheiten zu nennen, da diese sehr schnell mit Wertungen verbunden sind und auf der einen oder anderen Seite Widerspruch auslösen. Je besser es im Vorgespräch gelungen ist, die Situation jedes Beteiligten zu würdigen und ihm Verständnis für seine Situation entgegenzubringen, desto weniger besteht die Notwendigkeit, der Schilderung der problematischen Situation an dieser Stelle Raum einzuräumen. Richten Sie den Blick vielmehr – wenn eben möglich – direkt auf das vereinbarte Ziel des Gesprächs. Schon vor dem Gespräch können Sie die Zielsetzung auf einem Blatt aufschreiben und diese Visualisierung nun für alle sichtbar an einer Seite des Tisches (bzw. oben auf dem Flipchart) platzieren.

Herr Förster, der Klassensprecher und die anderen drei Schülerinnen erscheinen zum vereinbarten Zeitpunkt im Besprechungsraum der Schule. Frau Meyer hat sechs Stühle um den Tisch herum platziert. Sie selbst sitzt am Kopfende, Herr Förster sitzt auf ihrer einen Seite, der Klassensprecher auf der anderen Seite. Die übrigen Schülerinnen sitzen am Tisch verteilt.
Frau Meyer eröffnet das Gespräch: „Wir haben uns hier getroffen, weil beide Seiten zum Ausdruck gebracht haben, dass die Situation im Unterricht verbesserungswürdig ist. Sowohl die Klasse als auch Herr Förster haben den Eindruck, dass sich etwas ändern muss. Ich habe die Rolle der Moderation, d. h.: Ich werde das Gespräch als neutrale Person leiten und strukturieren, aber keinen inhaltlichen Einfluss nehmen. Ziel des Gesprächs ist es, gemeinsam zu überlegen, wie es gelingen kann, dass die Ergebnisse der nächsten Klassenarbeit zufriedenstellend sind und die Atmosphäre im Unterricht entspannt ist."

Phase 2: Standortbestimmung/Skalierung
Nachdem das Ziel formuliert und visualisiert wurde, zeichnen Sie eine 10er-Skala, mit deren Hilfe die momentane Situation von beiden Seiten eingeschätzt werden soll. Die Zahl 10 steht für die Zielerreichung und die Zahl 0 für das genaue Gegenteil. Alle Beteiligten werden aufgefordert, die Ziffer, die ihrer Meinung nach die momentane Situation am ehesten beschreibt, auf einem Zettel zu notieren. Sollte eine der beteiligten Personen Schwierigkeiten haben, sich auf eine Zahl festzulegen, so können Sie der Situation einen eher spielerischen Charakter verleihen, indem Sie sie auffordern zu raten, welche Zahl es sein könnte, und indem Sie betonen, dass es sich hier nur um eine grobe Einschätzung handelt, die natürlich sehr subjektiv ist und keinen Anspruch auf Objektivität erhebt. Haben alle ihre Ziffer notiert, fragen Sie, wer seine Zahl als Erster nennen möchte. Durch diese Frage vermeiden Sie es, einer Seite den Vorzug zu geben, und machen stattdessen noch einmal Ihre Neutralität deutlich. Danach werden die notierten Zahlen benannt. Oftmals stellt sich dabei heraus, dass beide bzw. alle Seiten eine ähnliche Einschätzung haben, was eine erste Gemeinsamkeit darstellt.

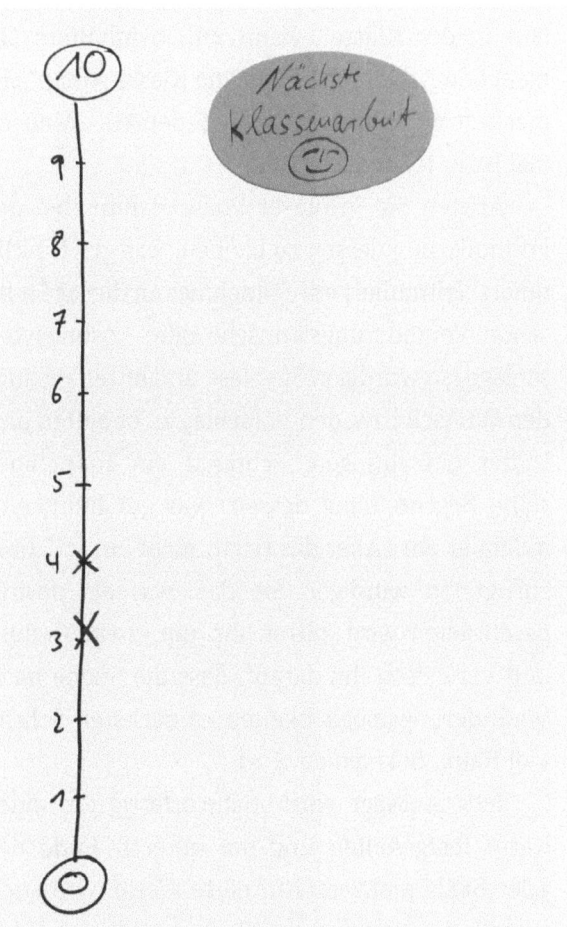

Phase 3: Aktivierung der Ressourcen
Die Verbesserung der Situation fällt leichter, wenn sich die Beteiligten nicht direkt den Schwierigkeiten und Konflikten zuwenden, sondern zuvor eruieren, auf welcher gemeinsamen

Basis sie sich begegnen und aufbauen können. Die Leitfrage hierzu lautet: „Was hat dazu geführt, dass die momentane Situation mit der Ziffer X eingeschätzt wurde und nicht mit der Ziffer 0?" Im Wechsel benennen beide Seiten Antworten auf diese Frage, wobei Sie als Moderatorin durch die wiederholte Frage „Was noch?" dazu anleiten, möglichst viele Antworten zu finden. Ist die Beziehung der Kontrahenten nicht völlig gestört, fällt es ihnen in der Regel leicht, Antworten zu finden. Typische Aussagen sind: „Eigentlich mag ich ihn ja", „Früher haben wir uns gut verstanden", „Manchmal reden wir ganz in Ruhe miteinander" etc. Werden die Aussagen negativ formuliert, so können Sie als Moderatorin den positiven Kern deutlich machen, der darin aufscheint. Die Aussage „Es ist nicht jede Stunde so laut in der Klasse", kann z. B. beinhalten: „In manchen Arbeitsphasen ist die Klasse ruhig." „Er meckert nicht immer", kann bedeuten: „Manchmal ist er freundlich."

Achten Sie in dieser Phase darauf, bei der Formulierung dessen zu bleiben, was gut funktioniert. Formuliert ein Teilnehmer an dieser Stelle schon Veränderungswünsche oder Lösungsvorschläge, so würdigen Sie diese und bitten Sie ihn, den Wunsch bzw. den Vorschlag zu behalten und später einzubringen. Schränkt ein Teilnehmer seine Beschreibung dessen, was gut läuft, ein, indem er ein „Aber das reicht nicht aus ..." hinzufügt, so würdigen Sie das, was als positiv beschrieben wird, bitten ihn um etwas Geduld und verweisen ihn darauf, dass die Suche nach Veränderungsmöglichkeiten im nächsten Schritt viel Raum bekommen wird.

Jede Aussage wird stichwortartig auf einer Karte festgehalten und am unteren Ende der 10er-Skala platziert. Auf diese Weise wird auch visuell die gemeinsame Basis veranschaulicht, auf der das weitere Gespräch aufbauen kann.

Herr Förster und die Vertreter der Klasse benennen folgende Gründe dafür, dass sie in ihrer Einschätzung der momentanen Situation nicht bei 0 sondern bei 3 bzw. 4 stehen:

„Manchmal ist die Klasse ruhig."
„Ich finde die einzelnen Schüler eigentlich sehr nett."
„Wenn die Klasse mitarbeitet, unterrichte ich sie gerne."
„Grundsätzlich sind wir mit Herrn Förster einverstanden."
„Manchmal schaffen wir die Hausaufgaben."
„Die Aufgaben zu den linearen Gleichungen haben fast alle verstanden."
„Manchmal erklärt Herr Förster uns die Aufgaben mehrmals."

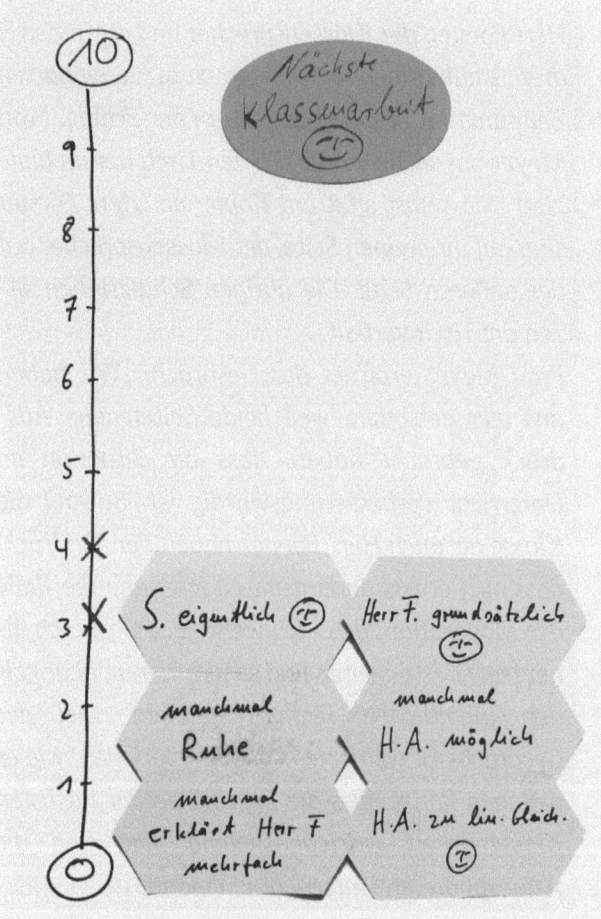

Phase 4: Sammeln von Lösungsansätzen

In der nun folgenden Planungsphase werden Lösungsideen gesammelt, um der formulierten Zielsetzung näher zu kommen. Die Lösungsschritte sollen sehr konkret und umsetzbar sein, weshalb zunächst nur ein Teilziel ins Auge gefasst wird. Hierzu wird mit der Vorstellung gearbeitet, dass in einem überschaubaren Zeitraum von z. B. zwei Wochen eine Annäherung an das Ziel um etwa zwei Skalenpunkte erreicht worden ist. Alle Beteiligten werden aufgefordert, sich diese verbesserte Situation vorzustellen und gefragt, wie die Veränderung konkret aussieht und durch was sie erzeugt worden ist, d. h., wer was genau hierzu beigetragen hat. Die Antworten auf diese Fragen werden abwechselnd benannt, stichwortartig auf Karten festgehalten und für alle einsehbar neben die Skala gelegt.

Frau Meyer: „Ich habe den Eindruck, dass es möglich sein wird, das Ziel zu erreichen, denn manchmal klappt es ja so, wie alle sich das vorstellen. Aber eben noch viel zu selten. Ich schlage daher vor, dass wir uns jetzt damit beschäftigen, wie die momentane Situation verbessert werden kann. Die nächste Klausur wird in sechs Wochen geschrieben. Bis zum Ziel fehlen noch sechs Skalenpunkte. Notwendig wäre also im Schnitt in jeder Woche eine Steigerung um einen Punkt. Ich schlage vor, dass wir zunächst einmal konkret die nächsten zwei Wochen anschauen. Ich möchte euch bitten, euch einmal vorzustellen, dass ihr in zwei Wochen auf der Ziffer sechs steht, die Situation sich also um zwei Punkte verbessert hat. Was hat wer dann gemacht/bzw. nicht gemacht? Was hat sich konkret verbessert? Wodurch hat es sich verbessert?"

Im weiteren Gespräch können die Vertreter der Klasse verdeutlichen, dass sich die meisten Lernenden im Mathematikunterricht überfordert fühlen, sie sich wünschen, dass Herr Förster geduldiger auf ihre Fragen eingeht und sie nicht mehr wegen ihrer Lücken, die sie zweifelsfrei haben, beschimpft.
Herr Förster seinerseits kann klar machen, dass ihn das Störverhalten und die Verweigerungshaltung der Klasse belasten. Er erwartet, dass die Kinder und Jugendlichen aktiv an ihren Lücken arbeiten und seine Hilfen annehmen. Folgende Lösungsvorschläge werden formuliert:

Die Lernenden
- *sind bereit, Lücken aufzuarbeiten,*
- *beschäftigen sich mit den Hausaufgaben und bearbeiten sie so gut wie möglich,*
- *fragen nach, wenn sie etwas nicht verstehen statt zu stören,*
- *helfen sich gegenseitig.*

Herr Förster
- *schimpft nicht, wenn die Lernenden etwas nicht verstehen,*
- *erklärt langsamer,*
- *schreibt mehr an die Tafel,*
- *gibt mehr Zeit zur Besprechung der Aufgaben.*

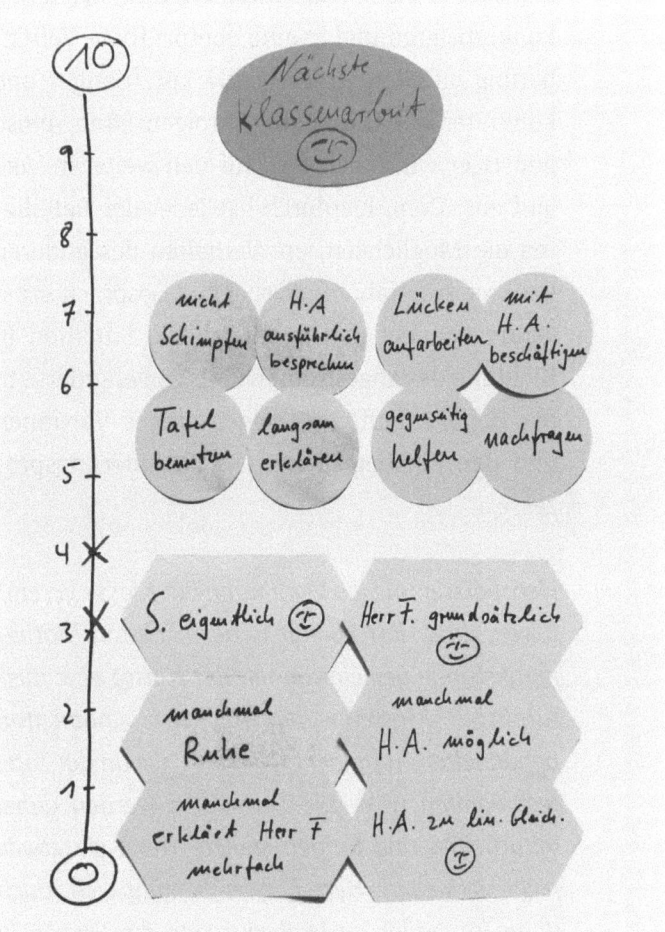

Phase 5: Konkrete Planung und Vereinbarung

Das Ziel des Vermittlungsgesprächs wird umso eher erreicht, je mehr es gelingt, eine Vereinbarung zu treffen, die einfach umgesetzt werden kann und Erfolg verspricht. Es geht nicht darum, für alle Aspekte des Konflikts eine Lösung zu finden. Wichtiger ist es, einen Veränderungsprozess anzustoßen. Nach dem Motto „Nichts ist so erfolgreich wie der Erfolg" kann damit ein Prozess in Gang gesetzt werden, der schließlich zum Ziel führt.

Die Liste der im vorigen Schritt erarbeiteten Lösungsvorschläge und Wünsche ist oftmals sehr umfangreich, und es ist noch nicht klar, inwieweit die Beteiligten sie umsetzen wollen und können. Darüber hinaus sind die Vorschläge meist nicht konkret genug. Sie werden daher im letzten Schritt unter dem Aspekt bearbeitet, wer bereit ist, was umzusetzen, welche Vorhaben am einfachsten umzusetzen sind und am schnellsten zum Erfolg führen. Es reicht völlig, ein bis maximal drei Vorhaben auszuwählen, diese weiter zu konkretisieren und in eine überprüfbare Vereinbarung münden zu lassen. Je kurzfristiger und konkreter die Umsetzung erfolgen kann, umso günstiger wirkt sich dies auf den weiteren Verlauf aus. Denn hierdurch hat jeder der Beteiligten die Möglichkeit, am Verhalten des anderen konkret zu erfahren, dass er das Gespräch ernst genommen hat und bereit ist, die Situation in Richtung des angestrebten Ziels zu verändern. In der Regel schafft dies gegenseitiges Vertrauen und den Einstieg in weitere Veränderungsprozesse.

Herr Förster und die Vertretung der Klasse vereinbaren, dass Herr Förster in der nächsten Mathematikstunde gemeinsam mit der Klasse eine ausführliche Musterlösung für den momentan behandelten Aufgabentyp erstellt, die an der Tafel festgehalten wird. Die Lernenden werden dabei mitarbeiten und Fragen stellen, wenn sie etwas nicht verstehen. Herr Förster bemüht sich, auch dann freundlich zu bleiben, wenn die Fragen in seinen Augen „unnötig" sind. In der nächsten Stunde bearbeiten die Lernenden eine weitere Aufgabe in Kleingruppen. Bis zum Ende der Woche erstellen alle Lösungen für zwei weitere Aufgaben als Hausaufgabe.

Die Vertreter der Klasse werden die Ergebnisse des Gesprächs in der nächsten Klassenstunde im Beisein von Frau Meyer erläutern. Sie sind zuversichtlich, dass sie diese den anderen so vermitteln können, dass die Klasse die Vereinbarung umsetzen wird.

Frau Meyer vereinbart, dass beide Seiten ihr in zwei Wochen eine kurze Rückmeldung darüber geben, inwieweit die Situation im Mathematikunterricht sich verbessert hat.

> **Vereinbarung**
> **für die nächste Woche**
>
> - 1 Musterlösung an der Tafel
> - 1 Aufgabe in Kleingruppen
> - 2 Aufgaben als H.A.
>
> S. arbeiten mit
> fragen nach
> helfen sich
>
> Herr F. bleibt ruhig
> – auch wenn er eine
> Frage "unnötig" findet.

Phase 6: Abschluss

Zum Abschluss werden die erarbeiteten Vereinbarungen zusammengefasst und – sofern dies zuvor noch nicht geschehen ist – detailliert aufgeschrieben. Beide Seiten werden aufgefordert, die Umsetzbarkeit noch einmal zu überprüfen und gegebenenfalls Korrekturen vorzunehmen. Hierzu kann man z. B. fragen, wie hoch die Wahrscheinlichkeit eingeschätzt wird, dass der Plan sich umsetzen lässt.

Wenn Sie den Eindruck haben, dass die Planung realistisch ist, ist es hilfreich, abschließend noch einmal die gemeinsame Basis und den guten Willen aller Beteiligten zu betonen und Zuversicht zu vermitteln.

Es hat sich als sinnvoll erwiesen, sich auf eine kurze Rückmeldung darüber zu verständigen, inwieweit die erzielte Vereinbarung eingehalten werden konnte und ob sich eine Veränderung in Richtung des Ziels anbahnt. Diese kann in einer kurzen Information während einer Pause bestehen, gegebenenfalls kann auch ein weiterer Gesprächstermin vereinbart werden.

6.5 Gelingensbedingung: Kränkungen verstehen und anerkennen

Lösungsorientierung setzt voraus, dass ein Problem ausreichende Würdigung erfahren hat. Der hier beschriebene Gesprächsverlauf lässt sich in dieser strikten Lösungsorientierung dann durchführen, wenn jede Partei sich im Vorgespräch ausreichend entlasten konnte, sich verstanden fühlte und erlittene Kränkungen ausreichend Anerkennung gefunden haben. Ist dies nicht der Fall, so kann die strikte Orientierung an Ressourcen und Lösungen zu einer erneuten Kränkung führen. Sie wirkt dann auf die Betroffenen eher zynisch und führt dazu, dass sie sich zu Recht gegen die rein lösungsorientierte Gesprächsführung wehren. Manchmal tun sie dies schon in der Anfangsphase des Gesprächs, indem sie sich weigern, die Zielsetzung in den Blick zu nehmen. In der Regel macht sich die fehlende Anerkennung der erlittenen Kränkung jedoch dann bemerkbar, wenn es darum geht, Lösungsansätze für die Verbesserung der Situation zu finden. Dies ist nach unserer Erfahrung auch die ideale Gesprächsphase, um dem, was fehlt, Raum zu geben, ohne in alten Anklagen und gegenseitigen Vorwürfen zu versinken. Die Basis für weitere Veränderungen wird eingeleitet mit der Frage: „Was muss passieren, damit wir uns auf den Weg der Veränderung begeben können?" oder „Was brauchst du, um an Lösungsschritte denken zu können?" etc.

Meist reagiert die Person, deren Kränkung noch keine Anerkennung gefunden hat, damit, dass sie erneut die Situationen anspricht, die sie als verletzend erlebt hat und die sie noch belastet. Es kommt in dieser Gesprächsphase darauf an, dass beide Seiten das Erleben des Gegenübers anerkennen und davon absehen, die Wahrnehmung des anderen durch Bemerkungen wie: „Stell dich doch nicht so an" oder „Du verstehst aber auch gar keinen Spaß" in Frage zu stellen. Es gibt verschiedene Techniken etwa aus dem Bereich der Mediation, die Ihnen helfen können, das Gespräch an dieser Stelle zu strukturieren (siehe Walker (2001); Jefferys-Duden (2002)). So können Sie z. B. jede Partei auffordern, die Worte der Gegenpartei in eigenen Worten wiederzugeben und dadurch einen Perspektivwechsel vorzunehmen. Spezifische Techniken sollten Sie jedoch nur dann anwenden, wenn Sie mit ihnen vertraut sind. Konzentrieren Sie sich ansonsten darauf, als Moderatorin aktiv zuzuhören (siehe Glossar, S. 115 ff.) und dem Erleben der einzelnen Parteien Geltung zu verschaffen.

Beispiel „Kevin und Susanna"
Kevin und Susanna besuchen die 5a einer Realschule. Sie sind in der gleichen Tischgruppe und geraten immer wieder in Streit. Kevin hatte Susanna, die etwas dicklich ist, in einem solchen Streit mit einer abwertenden Bemerkung bezüglich ihres Körpergewichts beleidigt. Sie fühlte sich dadurch sehr gekränkt, während Kevin das Ganze als Spaß abgetan hatte und meinte, sie solle sich nicht so anstellen. Ziel des Vermittlungsgesprächs war: „Wir wollen in der Tischgruppe gut zusammenarbeiten." Die Lösungssuche wurde im Vermittlungsgespräch blockiert, da Susanna noch auf der alten Beleidigung „festsaß".

L.: „Was muss passieren, damit ihr auf Lösungssuche gehen könnt?"

Susanna: „Er darf mich nicht mehr beleidigen. Wie neulich, da hat er wieder diese Sachen zu mir gesagt."

L.: „Du fühlst dich noch beleidigt von ihm?"

Susanna: „Ja, er sagt das ja immer und dann sagt er, es wäre nur Spaß."

L.: „Ist das so, Kevin?"

Kevin: „Ja, ich mein das doch nicht so. Sie nimmt alles immer so ernst."

L.: „Ich habe verstanden, dass Susanna sehr gekränkt ist über das, was du zu ihr sagst."

Kevin: „Ja, aber ich mein es nicht so."

L.: „Das habe ich verstanden, dass du sie nicht verletzen willst."

Susanna: „Aber es ist gemein."

L.: „Ja, du fühlst dich dann sehr verletzt."

Kevin: „Ich will sie aber doch gar nicht verletzen."

L.: „Du willst es nicht, das ist gut. Aber es verletzt sie und jeder fühlt nun einmal das, was er fühlt. Kannst du dir denn vorstellen, wie es für Susanna ist, wenn du das sagst?"

Kevin: „Ja, schon."

L.: „Und?"

Susanna: „Er soll es nicht mehr sagen."

Kevin: „Ich sag es nicht mehr."

L.: „Hast du verstanden, wie es für Susanna ist?"

Kevin: „Ja, ich hab es gehört. Es tut mir auch ein bisschen leid."

L.: „Also, dir tut es leid, dass du Susanna verletzt hast, und du wirst es nicht wieder sagen. – Habe ich das richtig verstanden?"

Kevin: „Ja."

L.: „Hast du das gehört, Susanna?"

Susanna: „Ja, es ist okay."

L.: „Können wir jetzt Lösungen dafür suchen, wie wir zum Ziel X kommen?"

Beide: „Ja."

Nach dieser Klärung war es möglich, die Aufmerksamkeit von Susanna auf die Zielsetzung zu lenken und in den Prozess der Lösungssuche einzusteigen.

6.6 Leitfaden Konflikt- und Vermittlungsgespräch (LVG©)

(Kurzleitfaden auf CD)

Phase	Zentrale Aspekte und Methoden	Anmerkungen; beispielhafte Fragen und Formulierungen
Vorbereitung	Einschätzung der Situation	Wie schätze ich den Konflikt zwischen den Parteien ein? Halte ich eine Verbesserung der Situation durch ein Vermittlungsgespräch für möglich?
	Eignung des Gesprächstyps überprüfen	Ist ein Vermittlungsgespräch in dieser Situation die geeignete Maßnahme? Liegen Fehlhandlungen einer Seite vor, die Sanktionen wie z. B. Ordnungsmaßnahmen erfordern? Falls ja, wer spricht diese Sanktionen aus? Ist ein Vermittlungsgespräch als zusätzliche Maßnahme sinnvoll?
	Einschätzung der Beziehung; Klärung der eigenen Rolle und Haltung; ggf. Reframing	Traue ich mir zu, im Gespräch eine neutrale Rolle zu verkörpern? Insbesondere, wenn zusätzlich Sanktionen verhängt wurden: Ist meine neutrale Rolle noch gewährleistet oder sollte jemand anderes das Gespräch moderieren?
	Vorgespräche mit den Beteiligten führen Rolle als neutrale Moderation und Zielsetzung klären	Welches Anliegen haben die Beteiligten jeweils? Kann ich mich in die jeweilige Situation einfühlen? Welche Gefühle habe ich bezüglich beider Parteien? Welches gemeinsame Ziel lässt sich für ein Vermittlungsgespräch finden, das möglichst konkret ist und die Anliegen beider Seiten umfasst? (z. B.: Wie kann es gelingen, dass das Klima im Unterricht angenehm ist? Oder: ..., dass die Klausuren besser ausfallen; ..., dass die Lernziele erreicht werden; ..., dass möglichst alle S. die Versetzung schaffen; ..., dass angstfreies Lernen möglich ist; ..., dass der Unterricht Spaß macht ...). Das Ziel sollte positiv formuliert, konkret und erreichbar sein. Sind beide Seiten mit einem Vermittlungsgespräch unter meiner Moderation einverstanden?
	Organisation: Zeitrahmen; Raum	Wann? Wie lange? Wo? Bietet der Raum einer der Parteien einen „Heimvorteil?"
Beginn/ Klärungen	Begrüßung; Freundlichkeit und Ruhe; Zielsetzung des Gesprächs benennen und visualisieren	„Wir haben uns hier getroffen, weil beide Seiten zum Ausdruck gebracht haben, dass die Situation im Unterricht verbesserungswürdig ist ... Ich habe die Rolle der Moderation, d. h.: Ich werde das Gespräch als neutrale Person leiten und strukturieren, aber keine Position für die eine oder andere Seite beziehen. Ziel des Gesprächs ist es, gemeinsam zu überlegen, wie es gelingen kann, dass ... (siehe Zielsetzung)."

Phase	Zentrale Aspekte und Methoden	Anmerkungen; beispielhafte Fragen und Formulierungen
Standortbestimmung	Skalierung	„Angenommen die 10 steht für das Erreichen des Ziels. Die 0 steht für das Gegenteil. Welche Zahl beschreibt dann die momentane Situation?" „Notiert die Zahl auf einem Zettel. Ich werde danach jede Seite fragen, welche Zahl sie notiert hat." „Wer möchte zuerst sagen, welche Zahl er/sie notiert hat? ... Wer danach?" (Oftmals stellt sich heraus, dass beide bzw. alle Seiten eine ähnliche Einschätzung haben, was eine erste Gemeinsamkeit darstellt.)
Aktivierung der Ressourcen	Sammeln und notieren von Ressourcen, unter der Leitfrage: „Was hat dazu beigetragen, dass die Einschätzung bei X liegt und nicht bei 0."	„Was hat dazu geführt, dass die Einschätzung bei Ziffer X liegt und nicht bei 0?" „Was noch?" – „Was noch?" – Im Wechsel benennen beide Seiten Antworten auf diese Fragen.
Sammeln von Lösungsansätzen	Suche nach möglichen Ansätzen und kleinen Lösungsschritten für einen kleinen überschaubaren Zeitraum	„Stellt euch einmal vor, ihr könnt nächste Woche (in einem Monat ...) sagen: ‚Wir sind dem Ziel näher gekommen, die Situation hat sich um X Punkte verbessert.' Woran hat das dann gelegen? Was hat wer dann gemacht/ bzw. nicht gemacht? Was hat sich konkret verbessert? Wodurch hat es sich verbessert?" Im Wechsel benennen beide Seiten Antworten auf diese Fragen. Die Antworten werden stichwortartig auf Zetteln festgehalten.
Konkrete Planung und Vereinbarung	Planungsschritte konkret formulieren	„Wir haben jetzt schon eine ganze Reihe an Vorschlägen gesammelt. Welche davon können am einfachsten umgesetzt werden; welche versprechen den größten Erfolg? Wer ist bereit, was davon wie umzusetzen?" ... Konkrete, überschaubare Vereinbarungen treffen. (Wechselseitig)
Abschluss	Zusammenfassung Ressourcen betonen Zuversicht vermitteln Eventuell Überprüfung vereinbaren	„Für wie realistisch haltet ihr es, dass ihr den Plan umsetzen könnt?" „Ich denke, dass die Situation sich verbessern wird und ihr das Ziel erreicht." „Ich schlage vor, dass mir beide Seiten in x Wochen eine kurze Rückmeldung darüber geben, inwieweit die Situation sich verbessert hat. Wäre das okay für euch?"

7 Elterngespräche

7.1 Eltern und Lehrkräfte – es ist nicht immer leicht

Für Kinder und Jugendliche im Schulalter sind die Familie und die Schule die bedeutsamsten Erziehungs- und Sozialisationsinstanzen. Ob es den Eltern und Lehrpersonen gelingt, diese gemeinsame Aufgabe in konstruktiver, kooperativer Beziehung wahrzunehmen, kann entscheidenden Einfluss auf die schulische Entwicklung der Kinder und Jugendlichen haben.

Gerade in einer Zeit zunehmender Zukunftsunsicherheit sehen die meisten Eltern den schulischen Erfolg des eigenen Kindes als wegweisend für die beruflichen Chancen, die gesellschaftliche Anerkennung und ein gelingendes, glückliches Leben an. Hoffnungen, Befürchtungen und vielleicht auch eigene Träume werden auf das eigene Kind oder die eigenen Kinder projiziert. Die Ansprüche an das erwünschte schulische Qualifikationsniveau sind gestiegen.

Dies führt auch zu erhöhten Erwartungen und Forderungen an die Schule und die Lehrpersonen, die für das Gelingen der schulischen Entwicklung sorgen sollen.

Werden die Erwartungen enttäuscht, kann es sein, dass Eltern den Druck auf Lehrpersonen in Verbindung mit Schuldzuweisungen erhöhen oder dass sie resignieren und sich immer weniger um die schulischen Belange der eigenen Kinder kümmern.

Auf der anderen Seite wünschen Sie sich als Lehrperson engagierte und unterstützende Eltern, die Sie in Ihrer Kompetenz akzeptieren und Ihnen Vertrauen entgegenbringen. Bei Lern- und Leistungsschwierigkeiten sollen die Eltern ihren Kindern helfen, Verhaltensschwierigkeiten sollen sie möglichst korrigieren.

In der Beziehungsgestaltung zwischen Ihnen und den Eltern kann es zu vielfältigen Belastungen kommen: Auf beiden Seiten können unrealistische, unpassende Erwartungshaltungen bestehen. Ungünstige Kommunikation und Missverständnisse können das gegenseitige Vertrauen erschweren. Wenn gegenseitige Schuldzuweisungen erhoben werden, so kann das zwar zur eigenen Entlastung führen, sie gehen aber auch mit der Befürchtung einher, dass die eigene Kompetenz als Lehrperson oder als Eltern nicht anerkannt wird. In der Regel führen sie zu Konflikten oder verstärken diese.

Eltern können sich in sozialer Abhängigkeit sehen (die Schule bestimmt die Schullaufbahn des eigenen Kindes) und Ohnmachtsgefühle entwickeln. Bei eigenen Erziehungsschwierigkeiten fühlen sie sich Ihnen gegenüber möglicherweise unterlegen und beschämt oder befürchten Schuldzuweisungen. Manchmal können negative Erinnerungen der Eltern an die eigene Schulzeit die Beziehung zu Ihnen als Lehrperson und zur Schule allgemein belasten. Auch kulturelle Unterschiede können zu Unsicherheiten und Ängsten von Eltern gegenüber der Institution Schule beitragen.

Als Lehrperson können Sie sich andererseits erhöhten oder überhöhten Erwartungshaltungen der Eltern gegenübersehen, die Selbstzweifel bezüglich der eigenen beruflichen Kompetenz entstehen lassen oder denen gegenüber Sie sich abschotten möchten. Dies gilt insbesondere dann, wenn Sie Berufsanfänger sind und noch wenig Erfahrung haben. Vielleicht geraten Sie auch in einen Rechtfertigungsdruck und befürchten auch Ihrerseits Schuldzuweisungen.

Lehrpersonen wünschen sich von Eltern in erster Linie Wertschätzung ihrer Arbeit, Vertrauen, Interesse an den schulischen Angelegenheiten, Akzeptanz ihrer pädagogischen Entscheidungen, eine realistische Einschätzung der Leistungsmöglichkeiten des Kindes und eine Unterstützung in erzieherischer Hinsicht.

Eltern wiederum wünschen sich eine möglichst gute Förderung und Leistungsentwicklung ihres Kindes. Sie erhoffen sich für ihr Kind eine gute Lernatmosphäre, eine positive Haltung der Lehrperson zum eigenen Kind, auch und insbesondere in schwierigen Situationen sowie den Schutz des Kindes in der Schule. Sie möchten informiert sein und in das Kind betreffende Entscheidungen einbezogen werden.

Vor diesem Hintergrund ist es verständlich, welche große Bedeutung die Beziehung zwischen Eltern und Schule hat. Neben anderen Formen des Kontaktes wie Elternabende, Elternsprechtage, Feste, Stammtische, Elterninformationen etc. sind anlassbezogene Gespräche Chancen, in einem konstruktiven Miteinander Frage- und Problemstellungen zu lösen. Diese können von den Eltern initiiert sein oder von Ihnen ausgehen. Neben den großen Chancen, die in diesen Gesprächen liegen, bergen sie aber auch die Gefahr, dass Konflikte entstehen oder verstärkt werden sowie die Kooperation zwischen Eltern und Schule nachhaltig gestört wird.

7.2 Vorbereitung eines Elterngesprächs

Unabhängig davon, ob die Initiative für ein Gespräch von Ihnen oder den Eltern ausgegangen ist, sollten Sie sich Zeit nehmen, das bevorstehende Gespräch vorzubereiten. Die folgenden Aspekte sind nicht als insgesamt abzuarbeitender Katalog zu verstehen, sondern dienen als Orientierung und sind besonders für zu erwartende schwierige Gespräche hilfreich.

Zielsetzung
- Was ist mein Hauptanliegen als Lehrperson?
- Wie lautet eine gemeinsame, auch von den Eltern getragene Zielsetzung (z.B.: Ihr Kind soll in der Schule gut lernen können, sich wohlfühlen, in der Klasse akzeptiert sein)?
- Welches realistische Ziel ist in dem Gespräch zu erreichen?

Diese Zielbeschreibung sollte konkret, positiv formuliert (keine Nicht-Zielsetzung) und von Ihnen selbst erreichbar sein (statt: Die Eltern sollen einsehen, dass …, besser: Ich möchte meine Vorstellung, Erwartung, Einschätzung den Eltern verständlich darlegen).

Wie kann der Kontakt mit den Eltern positiv fortgeführt werden, auch wenn die Zielsetzung möglicherweise nicht erreicht wird?

Einstellung zu den Eltern
Wie waren bisherige Gespräche mit den Eltern: positiv, vertrauensvoll und konstruktiv oder schwierig, anstrengend und destruktiv?
Wie kann ein nochmaliger destruktiver Verlauf verhindert werden?
Wie weit kann ich mich in die Eltern hineinversetzen?
Was ist mir über die Lebenssituation der Eltern bekannt?
Welche Ressourcen und Begrenzungen vermute ich bei den Eltern?

Konstruktive Haltung
Eine förderliche Haltung ist die Basis des Gesprächs. Auch wenn es nicht immer einfach ist, eine solche Haltung zu entwickeln, so ist sie doch unabdingbar für den Gesprächserfolg. Eine konstruktive Haltung ist von folgenden Faktoren geprägt:

Bereitschaft zum Kontakt:
- Bin ich bereit, in den Kontakt mit den Eltern zu gehen, auch wenn ich bisher eher unerfreuliche Erfahrungen mit ihnen gemacht habe?
- Kann ich Interesse für die Eltern und ihre Sichtweisen aufbringen?

Grundsätzlicher Respekt:
- Kann ich die Eltern als Personen respektieren, auch wenn ich nicht alle ihre Handlungen, Erziehungsmethoden etc. billige?
- Kann ich die Leistung der Eltern für ihr Kind unter Berücksichtigung ihrer Biografie und den aktuellen Lebensumständen anerkennen und sie als die wichtigsten Personen für ihr Kind akzeptieren?

Grundsätzliches Wohlwollen:
- Möchte ich im Gespräch mit den Eltern ein für das Kind förderliches Ergebnis erzielen?
- Ist mir an einer positiven Entwicklung des Kindes gelegen, auch wenn es mir in der Schule so manche Schwierigkeiten bereitet?

Anerkennen von subjektiven Wirklichkeiten:
- Bin ich bereit, Meinungen und Einschätzungen der Eltern, die sich von meinen unterscheiden, als ihre Wirklichkeit anzuerkennen und in einem gemeinsamen Ergebnis zu berücksichtigen?
- Sehe ich meine Wirklichkeit nicht als alleingültige Wahrheit an?

Empathie:
- Kann ich den Eltern aktiv zuhören, um ihre Sichtweise nachvollziehen zu können, auch wenn es nicht meine ist?
- Bin ich offen, auch die möglichen Hoffnungen, Ängste, Verärgerungen etc. der Eltern wahrzunehmen?

Ressourcenorientierung:
- Kann ich die Eltern auch bei allen möglichen Widrigkeiten als kompetente Eltern ansehen?
- Traue ich den Eltern zu, zu einer Verbesserung der Situation ihres Kindes beitragen zu können?

Streben nach Vereinbarung:
- Bin ich auch zu einem Kompromiss bereit?
- Will ich aktiv eine Vereinbarung ansteuern, auch wenn diese möglicherweise nur einen kleinen Verbesserungsschritt bedeutet?

Mut zur eigenen Position und Abgrenzung:
- Bin ich bereit, die eigene Position den Eltern gegenüber respektvoll zu vertreten, auch wenn sie mit dieser wahrscheinlich nicht einverstanden sein werden?
- Kann ich mich gegebenenfalls auch gegenüber den Eltern abgrenzen und meinen eigenen Selbstwert schützen?

Sollten Sie in der Vorbereitung des Gesprächs feststellen, dass es Ihnen trotz allen Bemühens nicht möglich ist oder sie nicht bereit sind, den Eltern gegenüber eine konstruktive Haltung zu entwickeln, so sollten Sie sich dies eingestehen und Ihre Grenze akzeptieren. In diesem Fall empfiehlt es sich, sich Unterstützung durch andere, weniger belastete Lehrkräfte zu holen und das Gespräch nicht alleine zu führen.

Rahmenbedingungen

Welche Form der Einladung bzw. Gesprächsvereinbarung erscheint passend und angebracht: schriftlich, telefonisch, über das Mitteilungsheft? Ist allen Beteiligten transparent, worum es in dem Gespräch gehen soll, um nicht unnötige Fantasien und Befürchtungen zu erregen?

Ist eine ausreichende Zeitdauer vereinbart, damit sich alle Beteiligten darauf einstellen können?

Ist der Raum angenehm und dem Gesprächsanlass angemessen?

Spiegelt die Sitzposition eine gleichwertige Beziehung wider: keine Kinderstühle, kein trennender Schreibtisch, über Eck sitzen statt frontal gegenüber?

Ist dafür gesorgt, dass es keine Störungen gibt?

Sind bestimmte Formalitäten z. B. eine Dokumentation zu beachten, wie soll das Ergebnis festgehalten werden?

Information und Materialien

Stehen für das Gesprächsthema relevante Materialien z. B. Noten, Klassenarbeiten, sonstige Leistungsnachweise, Aufzeichnungen zum Verhalten und zu besonderen Ereignissen, insbesondere auch zu positiven Erfahrungen zur Verfügung?

Ist es wichtig und hilfreich, sich bei Lehrkräften aus dem Kollegium über deren Einschätzung und Erfahrung mit dem Schüler zu informieren? Gab es schon ein Gespräch mit den Eltern und wie war das Ergebnis?

Ist es hilfreich, sich während des Gesprächs Notizen zu machen? Liegen Blätter und Stift bereit?

Benötige ich gegebenenfalls Materialien, mit denen ich meine Aussagen konkretisieren und visualisieren kann (vgl. Informationsgespräch)?

Eigene Befindlichkeit

Bin ich als Lehrperson innerlich frei für das Gespräch oder bin ich noch mit anderen Themen, Ereignissen des Tages befasst?

Kann ich ruhig und entspannt das Gespräch beginnen oder hetze ich von einem Termin zum nächsten?

Sehe ich dem Gespräch mit Sorge und Befürchtungen entgegen oder halte ich einen positiven Verlauf für möglich?

Worauf muss ich bei mir im Gespräch achten?

Möglichkeiten der Kommunikation

Wie kann ich mit den Eltern verständlich sprechen?

Sprechen die Eltern hinreichend gut deutsch oder ist ein Dolmetscher notwendig?

Gibt es kulturelle Spezifika, die es zu berücksichtigen gilt?

7.3 Gesprächsphasen

Beispiel „Tobias"

Tobias Baumgarten besucht die 3. Klasse einer Grundschule im ländlichen Raum. Seine Eltern sind beide berufstätig. Herr Baumgarten ist als Maler in einer kleinen Firma angestellt, Frau Baumgarten arbeitet als Erzieherin in einer Kindertagesstätte. Tobias ist ihr einziges Kind. Er ist ein eher ruhiger, leistungsmäßig durchschnittlich guter Schüler. In der Klasse ist er besonders bei den Mädchen beliebt, weil er, wie viele Mitschülerinnen, in seiner Freizeit reitet. In der letzten Zeit bemerkt seine Lehrerin, Frau Lehmann, dass Tobias im Unterricht nicht mehr so bei der Sache ist. In der letzten Mathematikarbeit hat er sogar eine 4 – geschrieben, für ihn ganz ungewöhnlich. Vor ein paar Tagen kam es nach dem Unterricht auf dem Flur zu einer kleinen Rempelei. Dabei ist Tobias völlig ausgerastet, hat wie wild um sich geschlagen und einen Mitschüler an der Augenbraue verletzt. Als Frau Lehmann ihn fragt, was denn mit ihm los sei, kann er nichts sagen und beginnt, bitterlich zu weinen.

Frau Lehmann gelingt es, ihn zu beruhigen. Sie lädt aber die Eltern von Tobias zu einem Gespräch über diesen Vorfall ein. Sie versteht Tobias' Verhalten nicht und möchte ihm helfen.

Phase 1: Begrüßung und Kontakt

Findet das Elterngespräch in der Schule statt, sollten Sie als Lehrperson sich als gute Gastgeberin verstehen. Sie begrüßen die Eltern mit Namen, bieten ihnen Platz an, bedanken sich für ihr Kommen. Vielleicht sprechen Sie im Sinne eines Warming-up kurz über ein passendes alltägliches Thema oder berichten von einem positiven Ereignis mit dem betreffenden Kind aus der letzten Zeit oder dem heutigen Tag. Gerade bei Eltern aus anderen Kulturkreisen kann dies im Sinne der Beziehungsaufnahme von Bedeutung sein. Manchmal erscheint es aber auch angemessener,

„direkt zur Sache zu kommen", wenn Eltern ein Warming-up als Ablenkungsmanöver empfinden könnten. Auf jeden Fall ist es am Beginn eines vielleicht auch schwierigen Gesprächs wichtig, eine vertrauensvolle, möglichst angstfreie Atmosphäre zu erzeugen. Sie sollten die Eltern als Gesprächspartner ansehen, mit denen zusammen Sie eine Lösung des anstehenden Problems erreichen möchten und mit denen Sie die gemeinsame Sorge um das Wohl des Kindes verbindet. Auf dieser Grundlage können Sie gegebenenfalls auch gleich zu Beginn deutlich machen, dass Sie für Anregungen und konstruktive Kritik von Seiten der Eltern offen sind.

Herr und Frau Baumgarten erscheinen beide zum Gespräch. Sie wirken angespannt und unsicher. Frau Lehmann hatte bei der telefonischen Terminvereinbarung zwar gesagt, dass sie sich in letzter Zeit um Tobias sorge, sie hat auch die Rempelei angesprochen und um ein Gespräch gebeten, wie sie gemeinsam Tobias helfen könnten, doch die Eltern wissen nicht genau, was auf sie zukommt. Sie haben Tobias zu Hause auf den Vorfall angesprochen, doch aus ihm war nichts rauszukriegen.

Fr. L.: „Guten Tag Frau Baumgarten, guten Tag Herr Baumgarten. Ich freue mich, dass Sie sich so kurzfristig den Termin einrichten konnten. War es schwierig, sich auf Ihren Arbeitsstellen frei zu nehmen?"

Hr. B.: „Ich habe zum Glück einen verständnisvollen Chef, obwohl wir im Moment viel zu tun haben. Nach unserem Gespräch muss ich auch wieder zur Arbeit."

Fr. B.: „Für mich war es sehr schwierig. In der Kindertagesstätte ist eine Kollegin erkrankt, sodass wir eh schon knapp an Personal sind."

Fr. L.: „Umso mehr danke ich Ihnen, dass Sie gekommen sind. Das ist nicht selbstverständlich. Ich weiß ja, wie sehr Sie Tobias lieben und sich für ihn einsetzen."

Phase 2: Orientierung und Zielsetzung

Um den Eltern eine sicherheitsgebende Orientierung zu ermöglichen, wird noch einmal der Zeitumfang des Gespräches benannt (schon bei der Terminvereinbarung angesprochen), die Ablaufstruktur abgestimmt und die Zielsetzung des Gespräches beschrieben. Diese kann zunächst noch relativ allgemein formuliert sein. Bedeutsam ist es, eine gemeinsam getragene Zielsetzung zu finden.

Fr. L.: „Ich hatte Ihnen am Telefon eine Dreiviertelstunde für unser Gespräch vorgeschlagen. Ist das in Ordnung?"

Hr. B.: „Ja, wir haben das so eingeplant."

Fr. L.: „Damit wir die Zeit nutzen können, möchte ich Ihnen dann gleich erzählen, was mein Anliegen ist. Mich würde dann Ihre Einschätzung interessieren, danach können wir gemeinsam überlegen, wie wir Tobias helfen können, dass er sich in der Schule wohlfühlt, gut lernen kann und sich mit den Mitlernenden gut versteht."

Phase 3: Anliegen und Gesprächsziel klären

Haben Sie um das Gespräch gebeten, war es also Ihr Anliegen, so erläutern Sie aus Ihrer Sicht die Situation und den Anlass für das Gespräch. Dabei teilen Sie den Eltern ihre Beobachtungen mit, ohne diese zu interpretieren oder etikettierende Bemerkungen über das Kind oder die Eltern zu machen. Auf inhaltliche Nachfragen der Eltern gehen Sie ein. Falls die Eltern schon einige der ersten genannten Punkte diskutieren wollen, ist es hilfreich, noch einmal auf den vorgeschlagenen Ablauf hinzuweisen. Die Eltern werden genügend Zeit haben, ihre Einschätzung in Ruhe darzustellen. Bitten Sie darum, zunächst Ihre Sicht im Gesamten erläutern zu können, damit ein umfassendes Bild entstehen kann.

Vergewissern Sie sich zwischendurch, dass Ihre Beschreibung der Situation für die Eltern verständlich und nachvollziehbar ist.

Hatten die Eltern um das Gespräch gebeten, haben diese also ein Anliegen, so fragen Sie danach und geben den Eltern die Möglichkeit, dies in Ruhe zu erläutern. Auch dann, wenn Sie zu der einen oder anderen Aussage eine abweichende Meinung haben, unterbrechen Sie die Eltern nicht. Konzentrieren Sie sich vielmehr darauf, aktiv zuzuhören (vgl. Glossar, S. 115 ff.). Ihr Ziel ist es in dieser Phase, die Ansichten der Eltern zu verstehen, – ohne mit ihnen in allen Punkten übereinstimmen zu müssen – und sie als deren Wirklichkeit zu akzeptieren. Darüber hinaus geht es auch darum, die Gefühlslage der Eltern bewertungsfrei wahrzunehmen, z. B. ihre Sorgen, Befürchtungen, Hoffnungen, Enttäuschungen.

Fr. L.: „Ich kenne Tobias ja vom ersten Schuljahr an als einen lernwilligen, zuverlässigen Schüler. Er kommt gut in der Schule mit, ist hilfsbereit und in der Klasse beliebt. Besonders die Mädchen mögen ihn, sie unterhalten sich viel über das Reiten. Umso erstaunter bin ich, dass Tobias seit einigen Wochen im Unterricht nicht mehr so aufmerksam ist. Er scheint manchmal mit seinen Gedanken woanders zu sein. Obwohl er in Mathe keine Probleme hat, hat er in der letzten Klassenarbeit für ihn ungewöhnliche Fehler gemacht."

Fr. B.: „Tobias hat mir gar nichts von der Mathematikarbeit erzählt, so konnten wir auch nicht dafür üben. Können Sie mir das nächste Mal in sein Mitteilungsheft schreiben, wann die nächste Arbeit ansteht?"

Fr. L.: „Das können wir gerne nachher überlegen. Ich möchte zunächst im Ganzen erzählen, was mir in der letzten Zeit so aufgefallen ist. Es gab ja noch den Vorfall, von dem ich Ihnen ja schon am Telefon kurz erzählt hatte."

Frau L. beschreibt im Folgenden, wie es zu der Rempelei auf dem Flur gekommen ist und wie sich Tobias verhalten hat. Sie erläutert dabei nur ihre Beobachtungen.

Fr. L.: „Tobias hat sich dann letztlich beruhigen lassen und als ich ihn fragte, was denn los sei, hat er bitterlich geschluchzt. Er konnte mir die Frage aber nicht beantworten."

Hr. B.: „Sicher haben andere ihn provoziert. Tobias ist doch kein Schläger. So kennen wir ihn gar nicht."

Fr. L.: „Ich bin auch wie Sie erstaunt über diese heftige Reaktion von ihm gewesen. Sie passt so gar nicht zu ihm. Ich habe Ihnen nun erzählt, wie ich Tobias in der letzten Zeit erlebt habe. Mich würde jetzt interessieren, was Ihnen in den letzten Wochen aufgefallen ist. Vielleicht finden wir dann gemeinsam einen Weg, Tobias zu helfen."

Phase 4: Austausch der Sichtweisen

Die Eltern haben nun die Möglichkeit, ihre Sichtweise darzustellen. Ihre Hauptaufgabe als Lehrperson besteht weiterhin darin, aktiv zuzuhören. Zwischenzeitlich können Sie mit eigenen Worten das Gehörte zusammenfassen, um sicherzugehen, die Ausführungen der Eltern richtig verstanden zu haben, und somit Missverständnisse zu vermeiden. Die Eltern können gegebenenfalls rückmelden, wenn Sie etwas anders verstanden haben, und dies entsprechend korrigieren. Durch das aktive Zuhören zeigen Sie den Eltern, dass Sie sich für ihre Aussagen ehrlich interessieren, sie ernst nehmen und sie als Partner für eine kooperative Problemlösung würdigen. Falls die Eltern neben ihren inhaltlichen Aussagen eine gefühlsmäßige Beteiligung ausdrücken, können Sie auch dies mit der gebotenen Vorsicht spiegeln und ansprechen.

Haben Sie selbst inhaltliche Nachfragen, so können Sie diese an passender Stelle, ohne die Eltern zu unterbrechen, stellen. Geschlossene Fragestellungen, auf die nur mit „Ja" oder „Nein" geantwortet werden kann, können bei einem eng umrissenen Sachverhalt eine gesicherte Auskunft ergeben. Beispiel: „Macht Ihr Kind seine Hausaufgaben in seinem Zimmer?" Möchten Sie mehr zu einer Fragestellung erfahren und den Eltern die Möglichkeit eröffnen, ausführlicher darauf einzugehen, so stellen Sie offene Fragen. Diese werden auch W-Fragen genannt, weil sie mit einem Fragepronomen wie „Wer, wie, wann, wodurch, was?" etc. beginnen. Beispiel: „Wie macht Ihr Kind seine Hausaufgaben?" Bei dem Fragepronomen „Warum?" ist Vorsicht geboten, weil eine solche Frage als versteckte Anschuldigung empfunden werden kann. Beispiel: „Warum macht Ihr Kind seine Hausaufgaben denn nicht direkt nach dem Mittagessen?"

Um die Eltern zu verstehen, können Sie nach der Problemsicht der Eltern fragen, nach dem Entstehungszeitpunkt des Problems, dem bisherigen Umgang damit, vergangenen und gegenwärtigen Versuchen, das Problem zu lösen und nach Erklärungsmöglichkeiten. Hierbei ist eine systemische Sichtweise hilfreich, die ein problematisches Verhalten des Kindes nicht als Eigenschaftszuschreibung („Das Kind ist aggressiv, unkontrolliert, faul etc.") versteht, sondern als Element eines Interaktionsmusters und als intentionaler Lösungsversuch des Kindes für seine von ihm wahrgenommene und empfundene Situation („Das Kind zeigt sich aggressiv, um darauf hinzuweisen, dass es ihm schlecht geht und es Hilfe braucht").

Durch die wertschätzende Haltung von Frau Lehmann den Eltern gegenüber und ihre glaubwürdige Absicht, mit den Eltern gemeinsam eine gute Lösung für Tobias zu erreichen, gewinnen Herr und Frau Baumgarten Vertrauen.
Im Laufe des Gespräches berichten sie von momentanen Belastungen in der Familie.
Fr. B.: „Ich weiß auch nicht, was mit Tobias in der letzten Zeit los ist. Er ist so verstockt, wirkt manchmal bedrückt, dann wieder explodiert er wegen irgendeiner Kleinigkeit, schreit herum und beschimpft uns als blöde Eltern."
Hr. B.: „Das lasse ich ihm natürlich nicht durchgehen. Wenn meine Frau mir das am Abend erzählt, dann nehme ich mir Tobias zur Brust. So geht das ja nun wirklich nicht!"
Fr. B.: „Als wenn das helfen würde, wenn du ihn anschreist und ihm mit Taschengeldentzug drohst. Ich muss Tobias dann immer wieder aufrichten und trösten."
Hr. B.: „Ich lasse mir das im Gegensatz zu dir auf jeden Fall nicht gefallen. Bei dir kann er ja machen, was er will. Meinst du, mir macht das Spaß, mich am Abend noch mit Tobias rumärgern zu müssen. Du weißt, wie viel ich auf der Arbeit zu tun habe. Da kann ich das nun wirklich nicht auch noch gebrauchen."
Fr. B.: „Ich gehe schließlich auch arbeiten und muss mich dann noch um Tobias kümmern."
Fr. L.: „Ich verstehe, dass Sie sich beide momentan belastet fühlen und sich unterschiedlich Tobias gegenüber verhalten. Was glauben Sie, wie Tobias das findet?"

Fr. B.: „Bestimmt auch nicht schön. Vor ein paar Tagen hat er sogar gefragt, ob wir uns scheiden ließen. Ich habe ihm natürlich gesagt, dass dies Blödsinn sei. Aber beschäftigt hat mich das schon."

Fr. L.: „Tobias scheint die Situation sehr zu verunsichern. Vielleicht kann er sich wieder besser auf den Unterricht konzentrieren, wenn er wieder mehr Sicherheit bekommt."

Fr. B.: „Ja, das könnte sein. Was sollen wir denn da machen?"

Fr. L.: „Wir können ja einmal überlegen, wie Tobias mehr Sicherheit bekommen könnte und wie sich die Situation für Sie verbessern könnte."

Phase 5: Lösungssuche

Haben sich die am Gespräch Beteiligten auf ein gemeinsames Verständnis des Problems und eine gemeinsame Zielsetzung einigen können, so leiten Sie die Phase der Lösungssuche ein.

Hierbei sind Fragestellungen aus der lösungs- und ressourcenorientierten Beratung hilfreich (siehe Vorlagen in Kapitel 10).

In dieser Phase können Lösungen für das besprochene Problem eingebracht werden, ohne sie zu diesem Zeitpunkt zu gewichten und zu bewerten. Alle Ideen sind wichtig und sollten wertgeschätzt werden. Ziel ist es, möglichst viele Vorschläge zu sammeln. Damit nichts verloren geht, können sie auch schriftlich festgehalten werden. Dies erlaubt es allen, sie nachher noch einmal anzuschauen und weiter zu verarbeiten. Entsteht trotzdem zu einem bestimmten Punkt eine Diskussion, so sollten Sie diese mit dem Hinweis stoppen, dass man zu einem späteren Zeitpunkt die Lösungen diskutieren könne. Jetzt ginge es darum, noch weitere Ideen einbringen zu können.

Gefragt nach der Zeit vor Entstehung des Problems, erzählen Herr und Frau Baumgarten, dass es in ihrer Familie wesentlich ruhiger gewesen sei, die Hausaufgabensituation sei entspannter gewesen, der Druck auf der Arbeitsstelle von Herrn Baumgarten sei nicht so groß gewesen, er sei abends nicht so erschöpft gewesen und am Wochenende häufig mit Tobias zu dessen Fußballspiel gefahren. Frau Baumgarten betont, sie und ihr Mann hätten sich weniger gestritten. Ihnen allen sei es besser gegangen. Frau Lehmann erinnert sich, dass sie mehr als heute auch Tobias' gute Seiten gesehen habe, seine Lernbereitschaft, Hilfsbereitschaft und freundliche Art seinen Mitlernenden gegenüber. Auch merke sie, dass sie ihn mehr gelobt und ermutigt habe.

Fr. L.: „Ich habe verstanden, dass es eine Zeit gab, in der Sie alle zufriedener waren und in der es auch Tobias besser ging. Was aus dieser vergangenen Zeit könnte auch heute wieder ein wenig gezeigt werden?"

Hr. B.: „Also, der Stress auf der Arbeit, der wird bestehen bleiben. Mein Chef wird keine zusätzliche Kraft einstellen. Und das mit dem Fußball am Wochenende ... Gut, dahin könnte ich hin und wieder mit Tobias fahren."

Fr. L.: „Wann könnten Sie es denn in nächster Zeit einrichten, mit ihm zum Fußball zu fahren?"

Hr. B.: „Nächstes Wochenende bekommen wir Besuch von den Schwiegereltern. Da ist es schlecht. Auf der anderen Seite ... Mein Schwiegervater ist auch fußballbegeistert, vielleicht hätte er Lust mitzukommen."

Fr. B.: „Da würde sich Tobias sicher sehr freuen."

Fr. L.: „Frau Baumgarten, was würden Sie aus der früheren Zeit gerne in Zukunft wieder in Ansätzen zeigen?"

Fr. B.: „Wenn die Hausaufgabensituation wieder entspannter wäre ... Das wäre schön, da würde es mir auch besser gehen und Tobias bestimmt auch."

Fr. L.: „Wie könnte dies denn in einem ersten Schritt aussehen?"

Fr. B.: „Früher hat Tobias seine Hausaufgaben zum größten Teil alleine gemacht. Nur wenn er nicht weiter wusste, hat er mich gefragt. In letzter Zeit will er, dass ich immer bei ihm bin, ansonsten macht er nicht weiter und lamentiert, es sei alles so schwer und ich müsse ihm *helfen. Sie können sich sicher vorstellen, wie das nervt."*

Fr. L.: *„Die Leistungsanforderungen im 3. Schuljahr sind schon höher geworden, da haben manche Lernende ihre Probleme. Ich bin aber überzeugt, dass Tobias das schaffen kann, also auch die Hausaufgaben könnte er in der Regel gut bewältigen. Wie könnten Sie sich wieder etwas mehr entspannen, wenn Tobias seine Hausaufgaben macht?"*

Fr. B.: *„Ich weiß nicht. Tobias lässt mich ja nicht in Ruhe."*

Fr. L.: *„Ich hätte da eine Idee. Möchten Sie sie hören?"*

Fr. B.: *„Natürlich, wenn es weiterhilft."*

Fr. L.: *„Zunächst noch eine Frage: Wie viel Zeit könnten Sie für Hausaufgaben denn erübrigen? Sie haben ja noch vieles andere zu tun."*

Fr. B.: *„So eine Stunde ginge. Aber ich möchte nicht die ganze Zeit neben ihm sitzen müssen."*

Fr. L.: *„Das kann ich gut verstehen. Ich stelle die Hausaufgaben auch so, dass die Kinder sie alleine schaffen können. Das ist ja auch das Ziel, dass sie sie selbstständig erledigen. Vielleicht können Sie am Anfang mit Tobias die Hausaufgaben im Überblick besprechen, so etwa 5 Minuten, ihn fragen, womit er anfangen möchte und wie viel Zeit er für die einzelnen Teile brauche. Dann darf er es selbstständig versuchen. Sie können ja in seiner Nähe sein und sich in der Zeit anderweitig beschäftigen."*

Fr. B.: *„Und wenn er nicht weitermacht?"*

Fr. L.: *„Könnten Sie dies in seiner Verantwortung belassen?"*

Fr. B.: *„Ja, aber er muss doch seine Hausaufgaben erledigen."*

Fr. L.: *„Wenn er sie am nächsten Tag nicht vollständig hat, werde ich mit ihm darüber reden. Aber ich glaube schon, dass er es eigentlich gut machen möchte. Und Sie dürfen ihn natürlich auch loben, wenn er seine Hausaufgaben gut und selbstständig gemacht hat. Was nicht heißt, dass es nicht zu Fehlern kommen kann, die dürfen sein. Dann merke ich, wo ich noch einmal etwas wiederholen oder erklären muss."*

Fr. B.: *„Das heißt, ich helfe ihm also nur eine Stunde lang?"*

Fr. L.: *„Wäre das in Ordnung für Sie?"*

Fr. B.: *„Das würde mich schon sehr entlasten."*

Fr. L.: *„Möchten Sie es ausprobieren, vielleicht so zwei Wochen, und wir besprechen dann zusammen, wie es gelaufen ist?"*

Fr. B.: *„Ja gerne."*

Fr. L.: *„Ich habe auch noch eine Frage an Sie, Herr Baumgarten. Ich kann mir vorstellen, dass Sie sich nach der Arbeit am Abend erholen möchten. Könnten Sie sich trotzdem etwas Zeit für Tobias nehmen, ihn vielleicht fragen, wie es in der Schule war oder was er sonst noch am Tag gemacht hat. Vielleicht möchte er Ihnen auch seine Hausaufgaben zeigen. Wichtig wäre, dass Sie dies in einer entspannten Atmosphäre machen könnten."*

Hr. B.: *„Das wird schon gehen. Mir würde es sicher auch gut tun, mal von der Arbeit abzuschalten."*

Fr. B.: *„Auch uns könnte es dann wieder besser gehen, wenn wir nicht mehr so gereizt und gestresst wären."*

Fr. L.: *„Das könnte Tobias auch gut gefallen. Was könnte ich denn Ihrer Meinung nach zu einer Verbesserung beitragen?"*

Fr. B.: *„Tobias war immer sehr froh und stolz, wenn Sie ihm etwas Positives ins Heft geschrieben haben."*

Fr. L.: *„Vielleicht habe ich dies in letzter Zeit zu wenig gemacht. Darauf werde ich auf jeden Fall wieder mehr achten."*

Phase 6: Vereinbarungen

Am Ende des Gesprächs fassen Sie die Ergebnisse noch einmal in Form konkreter Vereinbarungen zusammen. Sie sollten ein letztes Mal auf ihre Realisierbarkeit überprüft werden. Es hilft nicht, gute Ideen zu vereinbaren, die dann aber nicht umsetzbar sind.

In dem Elterngespräch müssen von Ihnen nicht alle Themen angesprochen werden, z. B. die

Streitigkeiten zwischen den Eltern. Es kann nicht erwartet werden, dass am nächsten Tag alle Probleme verschwunden sind. Ziel ist es vielmehr, wieder in einen positiven Prozess zu kommen, kleine Verbesserungen zu erreichen, die dann die Motivation, das Vertrauen und die Erfolgszuversicht stärken, auf dem richtigen Weg zu sein.

Neben den inhaltlichen Punkten wird möglichst ein weiterer Kontakt (persönlich, telefonisch oder schriftlich) vereinbart, um die in der Zwischenzeit gemachten Erfahrungen zu reflektieren und weitere Schlussfolgerungen daraus zu ziehen.

Phase 7: Abschluss

So wichtig der Beginn eines Gesprächs ist, so bedeutsam ist auch die Verabschiedung. Sie danken den Eltern für das Gespräch und die vereinbarten Verbesserungsideen, für die gute Zusammenarbeit, auch wenn man vielleicht nicht in allen Punkten einer Meinung gewesen sein sollte, und drücken eine realistische Zuversicht für eine konkrete Verbesserung aus. Auch für den Fall, dass diese dennoch ausbleiben sollte, betonen Sie Ihre Bereitschaft, mit den Eltern im Gespräch zu bleiben und weiter zu überlegen.

7.4 Nachbereitung

Damit Sie sich später an die getroffenen Vereinbarungen und die wichtigsten Inhalte des Gesprächs erinnern können, ist es meist hilfreich diese stichwortartig festzuhalten. Vielleicht haben Sie eine Ihnen eigene individuelle Form hierfür entwickelt. Möglicherweise gibt es auch Absprachen bezüglich der Gesprächsdokumentation an Ihrer Schule. Sie können sich jedoch auch an einer der Vorlagen orientieren, die Sie im Kapitel 10 und auf der CD finden.

7.5 Umgang mit Beschwerden

Beispiel „Max"

Der 13-jährige Max besucht seit Beginn des Schuljahres die 7. Klasse der Realschule in D. Berufsbedingt ist die Familie umgezogen und Max musste dadurch die Schule wechseln. Er war damit überhaupt nicht einverstanden, weil er sich in seiner alten Schule sehr wohl gefühlt hat und in der Klasse sehr beliebt war. Seit einiger Zeit bemerken die Eltern, dass Max nicht mehr so gerne in die Schule geht. Er klagt häufiger über Bauchschmerzen, für die Hausaufgaben braucht er ungewöhnlich lange. Als seine Mutter ihn darauf anspricht, sagt Max, er würde immer von einer Gruppe Mitschüler aus seiner Klasse geärgert. In der Pause dürfte er nicht mitspielen und sie nennten ihn „Pickelface". Die Lehrpersonen würden dagegen nichts unternehmen. Er habe dies ihnen aber auch noch nicht erzählt, weil sie eh den anderen und nicht ihm glaubten.

Die Eltern von Max sind entrüstet. Es ginge doch nicht, dass Max in der Schule so fertig gemacht werde. An der alten Schule habe es so etwas nicht gegeben. Dort seien die Lehrpersonen aber auch viel engagierter gewesen und hätten sich besser um die Kinder gekümmert. Die Eltern rufen in der Schule an und bestehen auf einem Gespräch mit der Klassenlehrerin.

In dieser Situation haben die Eltern ein Anliegen, was eine Beschwerde beinhaltet. Eine Kooperation der Eltern kann nicht unbedingt von Beginn an vorausgesetzt werden. Die Eltern zeigen sich vielleicht aufgebracht oder sogar wütend, beschuldigen die Schule oder Sie, nicht richtig gehandelt zu haben.

Häufig ist in einer solchen Situation der erste Impuls, sich so etwas nicht gefallen lassen zu wollen, sich zu wehren, die Sache richtig zu stellen und den Eltern nachzuweisen, dass sie im

Unrecht sind oder dass die Schuld auf ihrer Seite bzw. der Seite ihres Kindes liegt.

Damit eine solche Situation nicht zu einem eskalierenden Kampf zwischen Ihnen und den Eltern ausartet, ist es für Sie zunächst wichtig, auf die eigenen Emotionen zu achten und möglichst positiv mit ihnen umgehen zu können. Ein bewusstes Atmen, beruhigende Selbstinstruktionen und der Wille, zu einem positiven Gespräch beizutragen, können hilfreich sein.

Sie lassen die Eltern ihre Beschwerde vorbringen und hören aktiv zu, um die Eltern auf der Sach- und Gefühlsebene verstehen zu können. Dies heißt nicht unbedingt, dass Sie die Beschwerde für gerechtfertigt halten, vielleicht können Sie sie dennoch aus der Sicht der Eltern nachvollziehen. Es ermöglicht Ihnen, den Sachinhalt der Beschwerde im weiteren Gespräch zusammenzufassen und darauf einzugehen. Zunächst sollten die Eltern aber „Dampf ablassen" können. Würden Sie hierbei einen Gegenangriff starten („Das sehen Sie aber falsch"), die Aussagen der Eltern bagatellisieren („So schlimm ist das doch wohl nicht"), ihre Gefühle als ungerechtfertigt ins Lächerliche ziehen („Sie machen sich ja lächerlich") oder ungefragt Ratschläge erteilen („Seien Sie doch ruhiger"), würde der Ärger der Eltern zunehmen, sie würden sich nicht ernst genommen fühlen, die Situation würde eskalieren und die Beziehung zwischen den Eltern und Ihnen wahrscheinlich auf lange Zeit hin gestört werden.

Neben der Zusammenfassung des Sachinhalts der Beschwerde können Sie gegebenenfalls auch die Gefühlslage der Eltern einfühlend ansprechen („Ich merke, dass Sie das sehr verärgert hat") und die darin enthaltene positive Intention („Sie sind sicher sehr besorgt und möchten Ihr Kind schützen") benennen. Dies wird bei den Eltern das Gefühl verstärken, mit ihrer Beschwerde ernst genommen zu werden, und ihre Bereitschaft fördern, zu einem konstruktiven weiteren Gesprächsverlauf beizutragen.

Haben die Eltern die Beschwerde aus ihrer Sicht erläutern können und Sie aktiv zugehört, können Sie nun Ihre eigene Sichtweise ruhig darstellen. Es mag sein, dass Sie Teile der Beschwerde für gerechtfertigt halten, dann können Sie

dies den Eltern mitteilen und die Absicht äußern, durch verändertes Verhalten in Zukunft die Situation für das Kind zu verbessern. Dies wird von Eltern in aller Regel nicht als Schwäche oder Niederlage von Ihnen bewertet, sondern als Mut, ehrlich zu sein, und Bereitschaft, sich für das Kind der Eltern einzusetzen. Eltern und Sie verbindet das gemeinsame Ziel, dass es dem Kind in der Schule gut gehen solle.

Andere Teile der Beschwerde finden Sie eventuell nicht gerechtfertigt. Auch dies können Sie mitteilen und Ihre Sichtweise des Sachverhalts erklären. Fühlen die Eltern sich mit ihrer Beschwerde ernst genommen, merken sie, dass Sie ihrem Kind grundsätzlich wohl gesonnen sind, so werden sie eher die Verschiedenheit der Sichtweisen akzeptieren können.

Diese Unterschiede müssen nicht notwendig deckungsgleich gemacht oder als richtig und falsch bewertet werden, sie können nebeneinander stehen bleiben, ohne dass sie das weitere Gespräch beeinträchtigen. Das benannte gemeinsame Ziel von Eltern und Ihnen bildet eine Grundlage, die auch Unterschiede aushält.

Nun kann man sich wie in „normalen" Elterngesprächen auf die gemeinsame Lösungssuche begeben, die in Vereinbarungen mündet.

7.6 Umgang mit persönlichen Vorwürfen und Angriffen

Kommt es innerhalb eines Elterngesprächs zu persönlichen Vorwürfen und Angriffen, die Sie nicht unbeachtet lassen können und wollen, dann sollten Sie diese mit einer Grenzsetzung ruhig und bestimmt zurückweisen. Reagieren Sie keinesfalls mit Gegenvorwürfen, sondern versuchen Sie, professionell auch mit einer solchen sehr schwierigen Situation umzugehen.

Auf der Inhaltsebene sollten Sie z. B. Generalisierungen („immer, nie, alle ...") zurückweisen und das eigene Verhalten darstellen und erläutern, ohne sich unter Rechtfertigungsdruck zu setzen. Auf der Beziehungsebene ist es wichtig, die eigene emotionale Reaktion auf die persönlichen Vorwürfe und Angriffe auszusprechen („Durch Ihre Äußerung fühle ich mich persönlich angegriffen"), das eigene Interesse zu vertreten („Ich möchte nicht, dass Sie so mit mir sprechen/ umgehen") und die Eltern deutlich und bestimmt aufzufordern, die Angriffe zu unterlassen („Ich bin nur bereit, das Gespräch fortzusetzen, wenn Sie solche Äußerungen unterlassen"). Kommen Sie dann zum Sachverhalt wieder zurück, äußern Sie Ihre Bereitschaft, zu einer konstruktiven Lösung beizutragen, und stellen Sie das gemeinsame Ziel für das Kind der Eltern in den Mittelpunkt.

Lassen die Eltern nicht von den persönlichen Vorwürfen und Angriffen ab, können Sie auf der metakommunikativen Ebene deutlich machen, dass das Gespräch in dieser Form nicht zu einer guten Lösung führen kann und dass Sie so nicht zu einer Fortsetzung bereit sind. Sollte auch dies nicht helfen, müssen Sie das Gespräch notfalls beenden. Erklären Sie gleichzeitig Ihre Bereitschaft, das Gespräch zu einem späteren Zeitpunkt in beruhigter und konstruktiver Form wieder aufzunehmen.

7.7 Überbringen schlechter Nachrichten

Manchmal müssen Sie Eltern unangenehme Mitteilungen machen. Sei es, dass die Grundschulempfehlung für die weiterführende Schule nicht den Wünschen und Erwartungen der Eltern entspricht, eine schulische Entscheidung gegen die Teilnahme an einem Schüleraustausch verkündet oder die Nicht-Versetzung in die nächste Jahrgangsstufe erklärt werden muss.

Solche Gespräche sind für viele Lehrpersonen unangenehm, sie haben Sorge, wie Eltern eine solche Botschaft aufnehmen, wie sie darauf reagieren, ob sie Verständnis zeigen oder vielleicht mit aggressiven Angriffen reagieren.

In solchen Situationen ist es hilfreich, sich auf wahrscheinlich auftretende Reaktionen von Eltern einzustellen und vorzubereiten, damit solche Gespräche keinen konflikteskalierenden, sondern einen konstruktiven Verlauf nehmen können. Dies wird einfacher, wenn Sie sich klar machen, dass es für jeden Menschen sehr schwer ist, eine für ihn bedeutsame schlechte Nachricht sofort anzunehmen. Wenn ein Mensch z. B. erfährt, dass er unheilbar erkrankt ist, so reagiert er in der Regel zunächst mit Unglauben und Verdrängung. Er will diese Tatsache einfach nicht wahr haben, macht vielleicht andere für die vermeintliche Fehldiagnose verantwortlich, oder zweifelt sie in anderer Weise an. Wenn das alles nicht hilft und die Tatsache sich nicht mehr leugnen lässt, dann tritt er in eine Phase der Verhandlung mit dem Schicksal ein. Er sucht nach Bestätigung dafür, dass es doch noch Heilungschancen gibt, dass sich alles irgendwie wieder zum Besseren wenden wird, dass er wieder ganz gesund wird, wenn er ab sofort ganz gesund lebt etc. Erst wenn auch das nicht zum Erfolg führt, ist er schließlich bereit, die Tatsachen zu akzeptieren und sein Leben den neuen Bedingungen anzupassen. Der ganze Prozess wird dabei von unterschiedlichen, oftmals sehr heftigen Gefühlen begleitet: Wut, Trauer, Schmerz, Aggression, Hoffnung … Je bedeutsamer die schlechte Nachricht für das persönliche Empfinden einer Person ist, desto ausgeprägter können die emotionalen Reaktionen sein und desto schwieriger kann der Anpassungsprozess verlaufen.

Müssen Sie Eltern eine schlechte Nachricht überbringen, so müssen Sie damit rechnen, dass die Reaktion der Eltern dem hier beschriebenen Schema folgt, und sich innerlich entsprechend vorbereiten.

Zunächst sollten Sie sich in der Vorbereitung noch einmal die sachlichen Fakten bewusst machen und sie in für die Eltern verständlichen Worten formulieren. Diese Sachlage sollte den Eltern ohne Beschönigungen, Bagatellisierungen, aber auch ohne Dramatisierung kommuniziert werden. Auch Rechtfertigungen sind nicht angebracht.

Dem Spruch folgend, dass „der Überbringer schlechter Nachrichten geköpft wird", versuchen

Überbringen einer schlechten Nachricht

Konfrontierer	Erleider
Überbringer der schlechten Nachricht →	leugnet, versteht nicht
wiederholt die schlechte Nachricht ←	äußert Wut auf den Überbringer/Verursacher
hält aus, wiederholt ←	feilscht um ein Abwenden / fauler Kompromiss
bleibt zugewandt und klar ←	zeigt depressive Apathie, Schmerz
begleitet respektvoll (eher still) ←	beginnt, sich mit dem Neuen zu beschäftigen
gibt Informationen, reflektiert ←	**fängt an, sich selber mit der veränderten Situation neu zu definieren (neue Identität)**

Sie, Ihre Rolle als Lehrperson von Ihrer Person zu trennen. Nehmen Sie die Haltung ein, dass die Reaktionen der Eltern Ihnen in der Rolle als Lehrperson gelten und nicht gegen Sie als Privatperson gerichtet sind. Dies ist besonders in den Situationen, in denen Sie eine unangenehme Nachricht mitteilen müssen, nicht einfach, weil die Reaktionen der Eltern Sie emotional treffen können. Sich dessen bewusst zu sein und die eigenen Emotionen nach Möglichkeit zu kontrollieren und zu regulieren, ist die zu bewältigende Herausforderung.

Wenn Sie Eltern eine schlechte Nachricht überbringen, ist – wie oben dargestellt – die wahrscheinliche erste Reaktion, dass die Eltern dies nicht wahrhaben wollen, nicht verstehen können, die Berechtigung leugnen. *„Das kann doch nicht wahr sein. Sie haben doch immer gesagt, es sei alles in Ordnung. Dies muss ein Versehen sein."* Geschieht dies, wiederholen Sie die Aussage in ruhigem, sachlichem Ton. Als nächste Reaktion können aggressive Äußerungen und Beschuldigungen folgen. Die Eltern erleben, dass ihrem Kind und damit vielleicht auch ihnen etwas versagt wird, worauf sie mit Enttäuschung und Wut reagieren. *„Sie haben unser Kind zu wenig gefördert, Sie konnten es noch nie leiden, das werden wir uns von Ihnen nicht gefallen lassen. Mit dieser Entscheidung zerstören Sie die Zukunft unseres Sohnes."* Versuchen Sie, diese Angriffe nicht persönlich zu nehmen, sondern als eine natürliche Reaktion zu verstehen. Den vielleicht bei Ihnen auftretenden Ärger zu kontrollieren, keinen Gegenangriff zu starten, aber auch keine Rechtfertigung zu versuchen, sondern bei der Sachaussage zu bleiben, ist in solchen Situationen hilfreich.

Erfahren die Eltern, dass ihre Angriffe und Beschuldigungen nichts ändern, versuchen sie vielleicht, mit Ihnen zu verhandeln, um den Inhalt der unangenehmen Nachricht doch noch abwenden zu können. *„Können Sie die Empfehlung für die weiterführende Schule nicht doch noch einmal überdenken? Unser Sohn ist auch gerne bereit, Zusatzarbeiten zu leisten. Er hat halt in der letzten Zeit nur eine schlechte Phase gehabt. Er wird sich auch wieder bessern."* Vermeiden Sie hier einen faulen Kompromiss, zu dem Sie sich vielleicht aus Mitleid verführt fühlen könnten. Bleiben Sie zugewandt und sachlich klar.

Vielleicht zeigen Eltern Ihnen ihre Trauer und Verzweiflung über die Entscheidung, wirken resigniert und deprimiert. Bleiben Sie auch bei möglichen Tränen der Eltern respektvoll zugewandt, zeigen Sie Verständnis, geben Sie aber nicht Ihre sachliche Position auf. In der Regel ist es in solcher Situation nicht hilfreich, viel zu reden.

Diese unterschiedlichen Reaktionen können auftreten und sind oft notwendig, um nach einer Zeit eine solche „schlechte Nachricht" als Realität akzeptieren zu können und sich konstruktiv der Zukunft zuwenden zu können.

Für Sie als Lehrperson können solche Gespräche sehr anstrengend und belastend sein. Deswegen ist es wichtig, sich nach dem Gespräch etwas Zeit zu lassen, die eigene Befindlichkeit wahrzunehmen, zur Ruhe zu kommen (hier helfen immer einfache Atemübungen), um keine schlechten Gefühle „mit nach Hause zu nehmen".

7.8 Leitfaden Elterngespräch

(Kurzleitfaden auf CD)

Phase	Zentrale Aspekte und Methoden	Anmerkungen; beispielhafte Fragen und Formulierungen
Vorbereitung	Innere Klärung Organisation: Zeitrahmen; Raum Klärung der eigenen Haltung, mit der ich ins Gespräch gehe, ggf. Reframing	Welches Ziel habe ich? Ggf. Probleme „verfähigen" (siehe Glossar, S. 115 ff.) Welche Einstellung habe ich zu den Eltern? Wie kann ich eine konstruktive Haltung aufbauen? Welche Materialien und Informationen muss ich bereitstellen? Welche Form der Einladung ist angebracht? Wie kann ich mit den Eltern verständlich sprechen? Welche kulturellen Aspekte könnten Bedeutung haben?
Begrüßung/ Kontakt	Begrüßung; Blickkontakt, Freundlichkeit, Small Talk Betonung des gemeinsamen Interesses am Wohlergehen des Kindes	„Es freut mich, dass Sie sich die Zeit genommen haben!" „Hatten Sie eine gute Anreise?" …
Orientierung und Zielsetzung	Zeitrahmen klären Überblick über den geplanten Gesprächsverlauf geben	„Wir hatten am Telefon 45 Minuten für das Gespräch vereinbart. Ist dies für Sie in Ordnung?" „Damit wir die Zeit gut nutzen, schlage ich vor, dass wir folgendermaßen vorgehen: …"
Anliegen und Gesprächsziel klären	Ggf. eigenes Ziel nennen; Anliegen der Eltern erfragen	„Ich möchte gerne mit Ihnen überlegen, wie Ihr Kind es schaffen kann, pünktlich zur Schule zu kommen." „Was muss bei diesem Gespräch herauskommen, damit Sie zufrieden nach Hause gehen? (Anliegen klären)" „Welchen Nutzen erhoffen Sie sich aus diesem Gespräch für Ihr Kind?" „Was würde Ihr Sohn / Ihre Tochter sich als Ergebnis unseres Gespräches wünschen?"
Austausch der Sichtweisen	Offenheit für die Sichtweise des Elternteils; ggf. Raum geben	„Wie sehen Sie das?"
Lösungssuche	Gemeinsame Suche nach Lösungen Lösungsorientierte Fragen Ggf. Realisierbarkeit thematisieren	„Was braucht Ihr Kind, um das gewünschte Verhalten zeigen zu können?" „Wie können Sie Ihr Kind unterstützen?" „Wie kann die Schule dies tun?" …
Vereinbarung	Zusammenfassung Realisierbarkeit prüfen Zuversicht betonen	„Sie werden also …, und ich werde …" „Ich gehe davon aus, dass sich die Situation jetzt bessern wird."

Phase	Zentrale Aspekte und Methoden	Anmerkungen; beispielhafte Fragen und Formulierungen
	Feedback-Zeitpunkt vereinbaren	„Ist es Ihnen Recht, wenn wir in drei Wochen noch einmal Kontakt aufnehmen?"
Abschluss	Positives Fazit des Gesprächs Bereitschaft im Kontakt zu bleiben ausdrücken Abschied	„Ich freue mich, dass wir eine gute Lösung gefunden haben." „Wir werden in Kontakt bleiben und uns über den weiteren Verlauf austauschen."
Nachbereitung	Dokumentation des Gesprächs Durchführung der vereinbarten Maßnahmen	Namen; Datum; Absprachen; ggf. Themen und Notizen zum Gesprächsverlaufs festhalten (siehe Vorlagen zur Dokumentation)

8 Stolpersteine

Nicht alle Gespräche können gelingen. Es ist normal und gehört zum Leben, dass Missverständnisse, Fehleinschätzungen, persönliche Abneigungen oder Konflikte auftreten können. Und selbst scheinbar gelungene Gespräche zeigen oftmals nicht den Erfolg, den wir uns erhofft hatten. Dies gilt nicht nur für Alltagsgespräche, auch professionelle Gesprächsführung schützt nicht grundsätzlich vor Misserfolgen. Doch so manche Enttäuschung lässt sich vermeiden, wenn Sie den folgenden, unserer Erfahrung nach typischen Stolpersteinen schulischer Gesprächsführung aus dem Weg gehen.

8.1 „Zwischen Tür und Angel" – Gespräche ohne Plan

Viele Dinge müssen im schulischen Alltag zwischen den einzelnen Unterrichtsstunden erledigt werden. Sie werden von einem Kollegen angesprochen, weil er „mal eben" wissen will, welche Note eine Schülerin in Ihrem Fach hat; ein Schüler möchte Ihnen mitteilen, dass er für zwei Wochen ins Krankenhaus muss, und will wissen, wie er die danach anstehenden Klausuren bewältigen kann; einem anderen ist das Handy gestohlen worden. Bei jüngeren Kindern ist es gar nicht so selten, dass Eltern unvermittelt vor der Klassentür stehen, oder Sie auf dem Schulhof von einer Mutter abgefangen werden, die dringend etwas mit Ihnen besprechen will.

Die Anliegen, die so „zwischen Tür und Angel" an Sie herangetragen werden, sind vielfältig und von höchst unterschiedlicher Komplexität. Manche benötigen nur eine kurze Information, die Sie direkt zur Hand haben, und können unmittelbar und schnell erledigt werden. Doch die Hoffnung, ein Anliegen schnell bearbeiten und lösen zu können, führt allzu oft in eine Sackgasse. Die kurze Mitteilung entwickelt sich unverhofft zu einem längeren Gespräch, für das eigentlich gar keine Zeit zur Verfügung steht. In der Hektik entstehen Missverständnisse oder gar Konflikte. Im Nachhinein müssen Sie dann feststellen, dass das Gespräch mehr Probleme aufgeworfen als gelöst hat und die erhoffte Zeitersparnis sich in ihr Gegenteil verkehrt.

Es hat sich daher als äußerst hilfreich erwiesen, bei jeder Ansprache, die Sie unverhofft und unvorbereitet trifft, kurz innezuhalten und eine bewusste Entscheidung darüber zu treffen, wie Sie damit umgehen wollen. Bewährt hat sich in solchen Situationen der Rückgriff auf das Ritual, einmal kurz auszuatmen und sich sodann zwei Fragen zu stellen: Habe ich jetzt überhaupt Zeit? Ist das Anliegen durch eine kurze Information voraussichtlich in ein paar Minuten zu bearbeiten oder ist hierfür mehr Zeit nötig?

Natürlich gibt es Notfälle wie etwa eine ernsthafte Schlägerei oder ein Brand, bei denen Sie alles andere stehen und liegen lassen. Ansonsten jedoch sollten Sie in allen Fällen, in denen ein direktes Eingehen auf das vorgebrachte Anliegen inhaltlich oder zeitlich unangemessen sein könnte, darauf verzichten, hierauf zwischen Tür und Angel einzugehen. Stattdessen können Sie, wenn Sie sich mit dem Anliegen auseinandersetzen wollen, freundlich aber bestimmt einen anderen Zeitpunkt vorschlagen. Eltern, die auf dem Schulhof mit Ihnen über ihr Kind sprechen wollen, antworten Sie z. B.: *„Das Thema ist zu wichtig, um es jetzt auf die Schnelle zu besprechen. Ich habe aber jetzt nur noch zwei Minuten Zeit. Ich bitte Sie daher, einen Termin abzusprechen."* Einer Schülerin, die sich auf dem Flur darüber informieren will, ob ihre Versetzung gefährdet ist, können Sie sagen: *"Das ist eine so wichtige Frage für dich, dass ich dir nicht auf die Schnelle etwas Unbedachtes sagen will. Ich möchte deshalb erst in die Unterlagen schauen. Ich schlage dir vor, dass du morgen nach der 5. Stunde zu mir kommst."*

Sie schonen damit nicht nur Ihre eigenen Nerven, sondern geben auch dem Anliegen den Raum, den es verdient. Bringen Sie auf diese Weise zum Ausdruck, dass Sie das Anliegen der Person nicht generell zurückweisen, sondern wertschätzen, so wird diese sich in der Regel nicht persönlich getroffen und zurückgewiesen fühlen. Im Gegenteil, letztlich ist auch ihr nicht damit gedient, dass Sie sich in Zeitdruck, ohne Vorbereitung und ohne die nötige Konzentration damit beschäftigen. Auch sie weiß es später zu schätzen, wenn Sie in einem vorbereiteten Gespräch in einer wertschätzenden Atmosphäre das Anliegen klären und eine gute Lösung finden können.

Die Möglichkeit, die Beschäftigung mit einem Anliegen zu vertagen, weil Sie unter Zeitdruck geraten oder nötige Informationen nicht vorliegen, haben Sie auch dann, wenn Sie merken, dass Sie eine Situation falsch eingeschätzt hatten. Sie glaubten vielleicht, eine kurze Information könne reichen, und stellen dann fest, dass Sie in ein Gespräch verwickelt werden, welches einen unguten Verlauf zu nehmen droht. Auch in dieser Situation können Sie darauf verweisen, dass die Angelegenheit komplexer ist, als Sie dies zunächst angenommen hatten, und Sie das Gespräch daher zu einem anderen Zeitpunkt mit mehr Ruhe, Zeit und Vorbereitung fortführen möchten.

8.2 „Nur mal reden" – Gespräche ohne Zielklärung

Zeitdruck und der Umstand, dass ein Anliegen unvermittelt zwischen Tür und Angel an Sie herangetragen wird, sind nicht die einzigen Gründe dafür, dass ein Gespräch planlos verlaufen kann. In so manchem Gespräch verirren sich die Beteiligten deswegen, weil niemand genau weiß, wo es eigentlich hingehen soll – oder weil alle in verschiedene Richtungen steuern, um schließlich im Nirgendwo zu landen. Jede Lehrkraft kennt Elterngespräche, die sich in endlos erscheinenden Kreisen mal um dieses, mal um jenes Thema drehen, sich immer länger hinziehen und kein Ende zu nehmen scheinen. Ihnen mangelt es an einer Zielsetzung, die dem Gespräch eine Richtung geben könnte. Vielleicht haben die Eltern ein Anliegen, trauen sich aber nicht, dieses vorzutragen und kreisen stattdessen nur um das Thema herum. Vielleicht haben auch Sie ein Ziel, das Ihnen selber aber nicht so klar ist, dass Sie es deutlich formulieren könnten. In jedem Fall benötigt das Gespräch eine Klärung der Frage, wer mit dem Gespräch was erreichen möchte, um es zum Erfolg zu führen. Mit der Entscheidung über einen der in diesem Buch vorgestellten Gesprächstypen ist auch immer eine Entscheidung bezüglich der Zielsetzung verbunden. Insofern hilft die Orientierung an den Gesprächstypen, Klarheit über die eigene Zielsetzung zu finden. Gelingt es Ihnen dann, sich in der ersten Gesprächsphase mit Ihrem Gegenüber über die Zielsetzung zu verständigen, so liegt einem zielorientierten und erfolgreichen Gesprächsverlauf kein Stein mehr im Weg.

In Ausnahmefällen kann es passieren, dass Sie während eines Gesprächs den Gesprächstypen wechseln müssen, da sich eine neue Zielsetzung aufdrängt, die vorrangig bearbeitet werden muss und die einen anderen Gesprächscharakter verlangt. Wenn beispielsweise während eines Informationsgesprächs oder eines Kritikgesprächs ein Schüler in Tränen ausbricht, weil er Belastungen ausgesetzt ist, von denen Sie nichts geahnt haben, so werden Sie die fachliche Information bzw. die Kritik vermutlich zurückstellen und ihm Ihre Hilfe anbieten. Ein solcher Wechsel sollte jedoch nicht schleichend und ohne Absprache geschehen. Um Orientierung und Klarheit zu gewährleisten, ist es besser, den Wechsel zu markieren. Formulieren Sie, dass Sie das ursprüngliche Anliegen zurückstellen möchten und jetzt erst einmal Hilfestellung für die neue Situation anbieten möchten. Nimmt der Schüler dieses Angebot an, so haben Sie erneut eine gemeinsame Zielrichtung für den weiteren Gesprächsverlauf.

Es ist in der Regel unproblematisch, Kritik oder eine Informationsvermittlung zunächst einmal zurückzustellen und stattdessen eine Beratung anzubieten. Wenn eben möglich, sollten Sie allerdings nicht umgekehrt aus einer Beratungsrolle heraus in ein Kritikgespräch wechseln. Haben Sie während eines Beratungsgesprächs den Eindruck, dass ein Schüler kritikwürdiges Verhalten zeigt und ihm Grenzen aufgezeigt werden müssen, so sollten Sie dieses Ziel nicht im Rahmen des Beratungsgespräches verfolgen. Es ist günstiger, das Beratungsgespräch zu beenden und die neue Zielsetzung in anderem Rahmen in den Blick zu nehmen.

8.3 „Große Sprünge statt kleiner Schritte" – Gespräche ohne Geduld

Können Sie nach einem Gespräch mit einer Schülerin keine Wirkung beobachten, so sollten Sie zunächst die Möglichkeit in Erwägung ziehen, dass Sie zu ungeduldig sind. Selbstverständlich erwarten Sie zu Recht, dass ein Gespräch sein Ziel erreicht und sich etwas verändert. Erwarten Sie jedoch zu viel auf einmal, verlieren Sie leicht den Blick für kleine Fortschritte und nehmen diese nicht mehr wahr. Schon während des Gesprächs ist Ungeduld ein schlechter Ratgeber. Sie verleitet dazu, unrealistische Erwartungen aufzubauen, und verhindert die Entwicklung kleiner, realistischer Handlungsschritte. Genau diese stellen jedoch den besten Schutz vor Misserfolgen und Enttäuschungen dar.

8.4 „Reden ist Silber, Handeln ist Gold" – Gespräche ohne Folgen

Beispiel „Marcel"
Marcel, Schüler eines Berufskollegs, hat viele persönliche Probleme. In der Schule haben die Lehrkräfte Verständnis für seine häuslichen Belastungen und sind bereit, ihm hierbei beratend zur Seite zu stehen. Die Klassenlehrerin führt zahlreiche Gespräche mit ihm. In diesen Gesprächen geht es unter anderem auch immer wieder um die Frage, wie Marcel es schaffen kann, sich regelkonform zu verhalten. Er kommt häufig zu spät, beleidigt seine Mitschülerinnen und zuweilen auch einzelne Lehrkräfte. In den Gesprächen beteuert Marcel, dass es sein Ziel sei, die Regeln einzuhalten und er entwickelt realistisch scheinende Pläne, die ihn zu diesem Ziel führen sollen. Die Klassenlehrerin ist nach jedem Gespräch davon überzeugt, dass Marcel es diesmal schafft, und er sich an die Regeln halten wird. Aber es ändert sich nichts.

Marcel weiß, dass die Klassenlehrerin ihn als Konsequenz auf sein Fehlverhalten zu einem weiteren Gespräch einladen wird, er aber ansonsten keine weiteren Konsequenzen zu erwarten hat. Diese Gespräche belasten ihn kaum, sondern stellen für ihn lediglich ein etwas lästiges Ritual dar. Sie tragen in keiner Weise dazu bei, dass er selbst ein ernsthaftes Interesse entwickelt, sein Verhalten zu ändern und die Regeln einzuhalten. Die Situation ändert sich erst, als das Kollegium sich auf eindeutige Konsequenzen für die Regelverstöße einigt. Nach einem einzigen Kritikgespräch, dem die Einhaltung der angedrohten Konsequenzen folgt, zeigen sich deutliche Veränderungen im Verhalten von Marcel. Bis auf Ausnahmen gelingt es ihm ziemlich gut, sein neues Ziel, keinen Ärger in der Schule zu bekommen, zu erreichen.

Zeigen allgemeine Beratungsgespräche oder Entwicklungsgespräche trotz realistischer Handlungsplanung keinerlei Wirkung, so sollten Sie prüfen, ob die Zielsetzung des Gesprächs für den betroffenen Schüler wirklich relevant ist. Denn Beratung hat nur dann Aussicht auf Erfolg, wenn der Schüler sich mit der Zielsetzung identifizieren kann. Sehen Jugendliche für sich selbst z. B. keinen Sinn darin, ihre Leistungen im Fach Englisch zu verbessern, kann ein Gespräch über effektivere Lernstrategien im Fach Englisch keine Wirkung erzielen. Fallen Lernende wiederholt durch aggressives Verhalten ihren Mitlernenden gegenüber auf, so hat Beratung keinen Sinn, solange das Kind keinen Grund sieht, dieses Verhalten zu verändern. Bisweilen können Sie Lernende in der Anfangsphase des Gesprächs zwar dafür gewinnen, sich eine Zielsetzung zu eigen zu machen. Geschieht dies jedoch nur scheinbar, so läuft ein Beratungsgespräch ins Leere. Selbst wenn das Gespräch scheinbar gelungen verläuft und Handlungspläne formuliert werden, werden diese nicht umgesetzt. Stattdessen sind Schule und Eltern hier in ihrer erzieherischen Funktion gefragt. Je nach präferiertem Erziehungsstil und Alter des Kindes werden Sie Lernenden, die keine Lust haben, Mathematik zu erlernen, im Gespräch klarmachen, was von ihnen verlangt wird, ihnen eine tägliche Übungseinheit „verordnen", ihnen Belohnungen in Aussicht stellen, sie nicht gemachte Aufgaben nachholen lassen etc. Wenn Sie Gespräche führen, so sollten sie in solchen Fällen den Charakter von Kritikgesprächen wählen. Einem Kind, das seine Mitlernenden schlägt, setzen Sie in einem solchen Gespräch Grenzen, zeigen ihm auf, welche Konsequenzen mit seinem inakzeptablen Verhalten verbunden sind und dass es großen Ärger bekommt, wenn es weiterhin gewalttätig sein sollte. Macht das Kind die Erfahrung, dass die Erwachsenen Wort halten und die Drohungen keine leeren Worte sind, so schafft dies die Voraussetzung dafür, dass es selber ein Interesse daran entwickelt, sein Verhalten zu verändern. Unter dieser Voraussetzung kann dann auch Beratung Sinn machen, sofern sie sich nun an einer Zielsetzung orientiert, die für das Kind Relevanz hat: „Wie kann ich es schaffen, keinen Ärger zu bekommen?"

Hierbei ist es allerdings von elementarer Wichtigkeit, dass angedrohte Konsequenzen auch eingehalten werden. Im Falle von Kritikgesprächen ist Inkonsequenz die häufigste Ursache dafür, dass Gespräche wirkungslos bleiben. Nur in den Fällen, in denen Lernende gar nicht in der Lage sind, den Anforderungen zu genügen, müssen andere Maßnahmen ergriffen werden. Die beste Möglichkeit, dies einzuschätzen und gegebenenfalls einen geeigneten Maßnahmenplan zu entwickeln, liegt darin, sich mit anderen Lehrkräften oder Unterstützungssystemen zu beraten (siehe Kapitel 9).

8.5 „Wenn Reden nicht ankommt" – Gespräche als ungeeigneter Zugang

Beispiel „Sabine"
Sabine, Schülerin der 5. Klasse einer Gesamtschule, hat große Schwierigkeiten, sich in die Klassengemeinschaft zu integrieren. Sie scheint sich mehr und mehr zur Außenseiterin zu entwickeln. Die Klassenlehrerin möchte deshalb mit ihr reden. Sie spricht sie in der Pause an und fragt, wie es ihr in der neuen Schule gefällt, inwieweit sie sich wohlfühlt, etc. Sabine beantwortet jede Frage entweder gar nicht oder völlig einsilbig. Die Klassenlehrerin hat das Gefühl, dass sie die Schülerin nicht erreicht und diese abblockt. Sie wird im Gespräch zunehmend ratlos und fragt sich, was sie bei diesem Gespräch falsch macht.

Gespräche sind nicht immer das Mittel der ersten Wahl. Vielleicht hat die Schülerin in ihrem Leben schon die Erfahrung gemacht, dass man Erwachsenen nicht trauen kann, dass sie viel reden, aber nichts davon einhalten. Vielleicht ist sie nicht in der Lage, sich sprachlich angemessen zu artikulieren und ist durch Sprache grundsätzlich nicht gut erreichbar. Der nötige Beziehungsaufbau erfordert in solchen Fällen möglicherweise ganz andere Maßnahmen.

Besteht etwa das Ziel einer Lehrerin darin, eine vertrauensvolle Beziehung zu einer Schülerin aufzubauen, könnte sie z. B. einfach zuschauen, wie diese in der Pause Fußball spielt und ihr so nonverbal Interesse signalisieren. Sie könnte auch überlegen, welche andere Lehrperson einen besonderen Zugang zu dieser Schülerin haben könnte, sie könnte im Unterricht ein Thema aufgreifen, dass diese Schülerin besonders anspricht, oder … oder …

Wenn man sich im Kollegium gemeinsam darüber berät, wie die Schülerin in die Klassengemeinschaft integriert werden kann, werden sie sicherlich eine Vielzahl pädagogischer Maßnahmen finden, die die Schülerin unterstützen – ohne dass ihre Situation explizit und verbal mit ihr thematisiert wird.

9 Kollegiale Fallberatung

Als Lehrkraft stehen Sie im Unterricht und im Umgang mit Lernenden sowie Eltern vor vielfältigen Anforderungen. Erworbenes Wissen und Erfahrungen helfen Ihnen dabei, solche Anforderungen zu bewältigen. Trotzdem können Sie immer wieder einmal mit schwierigen und belastenden Situationen konfrontiert sein, in denen die solidarische Unterstützung von anderen Lehrkräften aus dem Kollegium hilfreich wäre.

Neben informellen Gesprächen, die Sie vielleicht in einer solchen Situation mit anderen Lehrkräften aus dem Kollegium führen, z. B. in den Pausen, und die durchaus entlastenden Charakter haben können, ist das Verfahren der Kollegialen Fallberatung ein Instrument der gegenseitigen Unterstützung.

Bei diesem Verfahren treffen sich mehrere Lehrkräfte aus einer Schule oder aus verschiedenen Schulen und bearbeiten einen „Fall" mithilfe eines strukturierten Verfahrens. Alles, was Sie in Bezug auf ihren beruflichen Alltag beschäftigt bzw. belastet, kann hier besprochen werden. Dies kann eine Situation in Ihrer Klasse oder mit einem einzelnen Schüler sein, das Verhältnis zu Eltern betreffen oder sich auf eine Auseinandersetzung mit Vorgesetzten oder außerschulischen Institutionen wie z. B. dem Jugendamt beziehen.

9.1 Anlässe

Jeanette ist als Wiederholerin in die 8. Klasse eines Gymnasiums gekommen. Seitdem hat sich das Klassenklima deutlich verschlechtert. Immer wieder kommt es zu Streitigkeiten zwischen bestimmten Schülerinnen. Sie beleidigen sich auf derbe Weise, teilweise auch offen im Unterricht. Es haben sich anscheinend zwei verfeindete Cliquen herausgebildet, die gegenseitig diskriminierende Gerüchte verbreiten. Eine Schülerin aus der Klasse hat der Klassenlehrerin nun berichtet, dass solche Anfeindungen und Beleidigungen auch im Internet ausgetragen würden. Die Klassenlehrerin hat schon mehrere Gespräche geführt, auch die Sitzordnung verändert, ohne Erfolg.

Sie beschließt, das Thema in der Fallberatungsgruppe, die sich an ihrer Schule gebildet hat, zu besprechen.

Pascal, ein Schüler der 5. Klasse, fällt immer wieder durch störendes Verhalten im Unterricht auf. Weder die verhängten Ordnungsmaßnahmen noch die erstellten Förderpläne und Einzelgespräche haben bisher zu einer wesentlichen Verbesserung beigetragen. Herr Kremer, der Klassenlehrer, weiß nicht mehr weiter. Er sucht Hilfe in der kollegialen Beratung im Kollegium.

Die Eltern einer sehr leistungsschwachen Grundschülerin haben sich zu einem Gespräch angemeldet, da sie der Ansicht sind, dass ihre Tochter Jasmin unbedingt ins Gymnasium wechseln sollte. Jasmins Vater ist schon beim letzten Gespräch sehr aggressiv aufgetreten. Der Klassenlehrer fürchtet eine Eskalation und möchte sich im Kollegium darüber beraten, wie er in das Gespräch gehen kann.

9.2 Ziele

Die Ziele einer Kollegialen Fallberatung bestehen in erster Linie in
- der gegenseitigen Unterstützung bei beruflichen Schwierigkeiten oder Problemlagen,
- der Erweiterung der eigenen Handlungsmöglichkeiten in solchen Situationen,
- der Kompetenzerweiterung der eigenen Person,
- der Professionalisierung der Berufsrolle,
- der Weiterentwicklung der eigenen Beratungskompetenz,
- der Qualitätsentwicklung der Schule.

Auch die Teilnehmer der Fallberatungsgruppe, die diesen Fall nicht vorstellen, haben meist eine ähnliche Situation schon einmal erlebt oder werden ihr in Zukunft begegnen. Insofern hilft jede Fallberatung allen Beteiligten, ihren Alltag professioneller und weniger belastend zu gestalten.

9.3 Grundsätze

Die Durchführung einer Kollegialen Fallberatung fußt auf den folgenden unverzichtbaren Grundsätzen, ohne die eine erfolgreiche Beratung nicht zu erwarten ist:
- Freiwilligkeit: Die Teilnahme an einer Kollegialen Fallberatungsgruppe sollte freiwillig sein. Man kann nur den beraten, der Beratung wünscht und annimmt und den man zu beraten bereit ist.
- Vertraulichkeit und Schweigegebot: Eine vertrauensvolle Arbeit in einer Kollegialen Fallberatungsgruppe kann nur entstehen, wenn sich alle sicher sein können, dass Informationen zu Inhalt und Personen eines berichteten Falles nicht „den Raum der Gruppe verlassen". Dies ist deutlich zu betonen und von jedem Teilnehmer verbindlich zu erklären.
- Akzeptanz: Haltungen und Handlungen einer anderen Lehrkraft in der Arbeit sind in der Kollegialen Fallberatung nicht zu bewerten. Denn Wertungen führen zu einem Klima der Befürchtung, als inkompetent und inakzeptabel hingestellt zu werden.
- Offenheit: Eine Kollegiale Fallberatung soll ermöglichen, dass alle Teilnehmer Eindrücke, Assoziationen, Gedanken, Ideen offen zur Verfügung stellen. Auch wenn sie abwegig und vielleicht politisch oder pädagogisch unkorrekt erscheinen, sind sie Facetten der besprochenen Problemlage.

9.4 Organisatorische Bedingungen

Die Kollegiale Fallberatungsgruppe kann sich als geschlossene Gruppe betrachten, die in regelmäßigen Abständen zusammenkommt. Alternativ ist auch möglich, eine Gruppe anlassbezogen einzuberufen, wobei die personelle Zusammensetzung wechseln kann.

Die Gruppe kann aus Lehrkräften einer Schule bestehen oder sich aus Mitgliedern verschiedener Schulen zusammensetzen. Ersteres hat den Vorteil, dass sich die Beteiligten auch nach der Fallbesprechung bei der Umsetzung besprochener Maßnahmen in der eigenen Schule unterstützen können. Arbeiten die Lehrkräfte an verschiedenen Schulen, so fällt diese Unterstützung im Alltag weg. Fremde Lehrkräfte machen es jedoch oftmals leichter, vorbehaltlos, offen und ohne Scheu über Probleme zu sprechen. Zudem können sie Handlungsselbstverständlichkeiten der eigenen Schule eher hinterfragen und zusätzliche Lösungsideen aus ihren Erfahrungen einbringen.

Als optimale Gruppenstärke können sieben plus/minus zwei Personen angesehen werden. Die Kollegiale Fallberatung findet in einem störungsfreien Raum statt. Als Sitzordnung hat sich ein offener Stuhlkreis bewährt.

Für die Kollegiale Beratung eines eingebrachten Falles sind erfahrungsgemäß 45 bis 60 Minuten anzusetzen.

9.5 Kommunikationsregeln

Auch wenn manche der folgenden Kommunikationsregeln selbstverständlich erscheinen mögen, zeigt die Erfahrung, dass auf deren Einhaltung immer wieder geachtet werden sollte. Es seien hier die vier wichtigsten genannt:

- Ausreden lassen
- Keine Bewertung der Aussagen und Verhaltensweisen von Teilnehmenden
- Kein vorschnelles Anbieten von Ratschlägen und Lösungen
- Keine „kollegiale Belehrung"

9.6 Ablaufstruktur

Kernstück der Fallberatung ist eine feste Ablaufstruktur, die aus einzelnen Phasen besteht.

Ein wesentlicher Sinn dieser klaren Strukturierung liegt darin, der Suche nach Lösungen keinen vorschnellen Raum zu geben und damit in Lösungsversuchen stecken zu bleiben, die „auf der Hand liegen", der Komplexität des Geschehens jedoch nicht Rechnung tragen und oftmals wenig Neues beinhalten, sondern eher reflexartige Reaktionsmuster widerspiegeln. Die Struktur schafft in den ersten Phasen der Fallberatung Raum für eine ungestörte Schilderung, Wahrnehmung und Betrachtung des Anliegens. Ungestört von Gedanken an mögliche Lösungen, führen die einzelnen Phasen zu einem möglichst facettenreichen Bild, das neben den sachlichen auch die emotionalen Aspekte verdeutlicht, und das Anliegen aus vielen unterschiedlichen Perspektiven beleuchtet.

Diese Weitung des Blicks ist im schulischen Kontext besonders bedeutsam, da die Fallberatung damit etwas ermöglicht, was im Alltag kaum möglich ist. Durch den hohen Handlungsdruck müssen Lehrkräfte hier in der Regel in kürzester Zeit reagieren, Entscheidungen treffen und Lösungen finden, also aus dem im Berufsleben erworbenen Repertoire an schnell abrufbaren Lösungsmustern schöpfen.

Die feste Struktur der Fallberatung zielt darauf ab, die reflexartige Suche nach Lösungen zurückzustellen, und schafft Raum für neue Sichtweisen, Wahrnehmungen und Perspektiven.

Dies dient als Basis für die letzten Phasen, die der Suche nach neuen Lösungen und Handlungskonzepten vorbehalten sind.

Es gibt verschiedene Ablaufstrukturen für eine Kollegiale Fallberatung, die jedoch in den einzelnen Schritten nur leicht variieren. Die folgende ist in Anlehnung an diejenige von Caesar (1995) konzipiert und wird hier in ihren einzelnen Punkten beschrieben.

1. Klärungen

Im ersten Schritt wird geklärt, welche Anliegen in dieser Sitzung behandelt werden, wer diese Beratung leitet und wie viel Zeit zur Verfügung steht – soweit dies nicht schon vorher vereinbart war. Die Leitung hat die Aufgabe, für die strikte Einhaltung der Ablaufstruktur zu sorgen. Auch wenn dies anfangs als zu stark reglementierend empfunden werden kann, hat es sich als außerordentlich bedeutsam für den Erfolg erwiesen.

Zu Beginn können die einzelnen Teilnehmerinnen gegebenenfalls Rückmeldungen zu dem weiteren Verlauf der Fälle geben, die bei der letzten Fallberatung bearbeitet worden sind. Um zu entscheiden, welche Anliegen in dieser Sitzung behandelt werden, werden zunächst alle Anliegen gesammelt. Die betreffenden Problemsituationen werden nicht ausführlich, sondern in zwei bis drei Sätzen überblicksartig beschrieben. Gibt es mehr Anliegen als in der zur Verfügung stehenden Zeit bearbeitet werden können, einigt man sich auf eine Auswahl und Reihenfolge. Dies kann man erfahrungsgemäß vorrangig denen überlassen, die ein Anliegen einbringen wollen. Auswahlkriterien können z. B. Dringlichkeit, emotionale Belastung und das Interesse der anderen Teilnehmerinnen sein.

2. Fallbericht

Die „Fallgeberin" beschreibt, ohne von den anderen dabei unterbrochen zu werden, die für sie problematische Situation mit allen Informationen, die ihr wichtig und notwendig erscheinen. Die anderen Lehrkräfte hören zu, achten dabei einerseits auf den Inhalt des Berichtes, daneben auch auf dadurch ausgelöstes eigenes Denken und Fühlen beim Zuhören (Resonanz).

Oftmals möchten Teilnehmer Zwischenfragen stellen, wenn während des Berichts Pausen entstehen. Dies ist zwar verständlich, sollte jedoch von der Leitung nicht zugelassen werden. Diese kann die Teilnehmer vielmehr bitten, die Fragen zu behalten und später, in der für Nachfragen vorgesehenen Phase, zu stellen.

Beispiel „Frau Schumacher"

Frau Schumacher ist Teilnehmerin einer Kollegialen Fallberatungsgruppe an ihrer Schule. Nachdem sich die Gruppe für die Bearbeitung ihres Themas entschieden hat, berichtet sie von einer Schülerin ihrer 7. Klasse namens Sophie. Sophie weise seit mehreren Wochen sehr hohe Fehlzeiten auf. Nach Aussagen der Mutter klage Sophie morgens häufig über Bauchschmerzen. Die Mutter habe in der ersten Zeit aus Sorge ihre Tochter dann zu Hause gelassen und sie mit Tee und Wärmflasche versorgt. Dadurch sei es ihrer Tochter im Laufe des Tages besser gegangen. Als sich die Beschwerden immer häufiger zeigten, sei die Mutter mit Sophie zu ihrer Ärztin gegangen, um sie gründlich untersuchen zu lassen. Es habe sich kein Befund ergeben. Die Ärztin meinte, Sophie habe vielleicht Angst vor der Schule. Sophie selbst sprach davon, dass Mitschülerinnen sie ärgerten und schlecht über sie redeten. Frau Schumacher erzählt, dass sie dies überrascht habe, weil es gar nicht zu ihrem Eindruck passte. Sie habe bisher keinen Anlass gehabt, daran zu zweifeln, dass Sophie in der Klasse gut integriert sei. Natürlich habe sie die Aussage von Sophie ernst genommen und in der Folgezeit sehr darauf geachtet. Allerdings habe sie auch mit vermehrter Achtsamkeit keinen Hinweis auf ein mögliches Mobbing gefunden. Leider fehle Sophie immer häufiger. Frau Schumacher sagt, sie wisse jetzt nicht mehr weiter und wolle das Problem daher einmal in der Fallberatung besprechen.

3. Anliegen klären

Durch die Schilderung der Situation ist nicht notwendigerweise klar, welches Anliegen für die Fallgeberin im Vordergrund steht, d. h. auf welche Fragestellung und Zielsetzung hin die anderen Lehrkräfte in der Folge den Fokus richten sollen. Die Leitung hat nach der Problemschilderung daher die Aufgabe, das konkrete Anliegen deutlich werden zu lassen. Die Standardfrage hierzu lautet: „Angenommen, du gehst hier nach der Fallbesprechung heraus und kannst sagen: ‚Die Arbeit hat mir geholfen, ich weiß jetzt besser, was ich tun kann.' Welche Frage hat sich dann geklärt? Wobei bist du genau weitergekommen? Was hast du dann mit unserer Hilfe erreicht?"

Typische Antworten können sein: „Dann weiß ich, welche Maßnahme ich als Nächstes durchführe", „Dann verstehe ich besser, was mit dem Schüler los ist", „Dann weiß ich, ob ich das Jugendamt einschalten soll oder nicht", „Dann habe ich einen Plan, wie ich mit der Schülerin in Zukunft umgehe" oder „Dann weiß ich, ob ich die Eltern zu einem Gespräch einlade und falls ja, wie ich es führe" etc.

Die Zielsetzung sollte so formuliert sein, dass sie im eigenen Kompetenzbereich liegt. „Der Schüler kommt regelmäßig zur Schule", wäre z. B. ein Ziel, dass dieses Kriterium nicht erfüllt. „Ich weiß, was ich unternehmen kann, um gegen das Schwänzen vorzugehen", wäre dagegen eine angemessene Formulierung.

Frau Schumacher wünscht sich durch die Kollegiale Fallberatung herauszufinden, was sie in der Schule möglicherweise ändern kann, damit Sophie wieder gerne in die Schule kommt. Sie sagt, dass sie die Fallberatung sehr zufrieden verlassen werde, wenn die Lehrkräfte aus dem Kollegium hierzu Ideen entwickeln und ihr mit auf den Weg geben könnten.

4. Blitzlicht-Runde

Die Blitzlicht-Runde hat die Aufgabe, kurze Eindrücke, Gedanken und Gefühle zu spiegeln, die die Teilnehmer während der Schilderung des Anliegens hatten. Es geht hierbei weniger um rationale Einschätzungen als um Assoziationen und emotionale Reaktionen wie z. B. „Ich bin während des Berichts ganz wütend geworden", oder „Vor meinem inneren Auge entstand das Bild eines Vampirs" oder „Ich bin innerlich hin- und hergesprungen zwischen Mitleid und Ärger" oder „Ich habe mich ohnmächtig gefühlt, weil ich fast das Gleiche auch in meiner Klasse erlebt habe". Es ist hilfreich, wenn andere Teilnehmer formulieren, dass sie ähnliche Probleme kennen, allerdings sollte dies nicht dazu führen, dass sie jetzt ihrerseits einen eigenen Fall eröffnen. Der Hang von Lehrpersonen, sehr schnell Lösungsvorschläge anzubieten, äußert sich in dieser Phase in Formulierungen wie: „Ich habe gedacht, man könnte doch ..." oder „Mein erster Gedanke war, du solltest ...". Die Leitung kann diesen gut gemeinten Ratschlägen in dieser Phase damit begegnen, dass sie den darin liegenden Lösungsvorschlag würdigt, aber darauf aufmerksam macht, dass Lösungen erst am Ende der Fallberatung thematisiert werden. „Darin steckt schon eine Lösungsidee. Ich möchte dich bitten, diesen Vorschlag später, wenn wir Lösungen suchen, einzubringen. Bitte sag doch jetzt kurz, was die Schilderung neben diesen Gedanken bei dir ausgelöst hat."

In der Blitzlicht-Runde können die Teilnehmer ihre Gedanken, Gefühle und Eindrücke entweder der Reihe nach äußern oder spontan. Es ist nicht zwingend, dass sich jeder äußert, und es ist auch möglich, mehrere Male etwas zu sagen. Wichtig ist lediglich, dass diese Phase kurz und konzentriert bleibt.

In der Blitzlicht-Runde drücken mehrere Teilnehmer aus, dass angesichts der Beschreibung von Sophie in ihnen eigene Erfahrungen mit Schulabsentismus wach geworden sind. Auf der emotionalen Ebene spiegeln sich vor allem die Gefühle von Frau Schumacher, die durch Ratlosigkeit und Hilflosigkeit gekennzeichnet sind.

5. Erweiterung des Fallberichts

Sind Nachfragen zum besseren Verständnis der Situation notwendig, so gibt diese Phase Raum, diese zu stellen. Die Nachfragen können alle Aspekte des Falls betreffen, sofern sie zu einem besseren Verständnis notwendig sind. Es können sachliche Informationen wie z. B. das Alter, Familienverhältnisse oder bisher getroffene Maßnahmen ergänzt werden. Die Fragen können sich auf die emotionalen Beziehungen der Beteiligten beziehen, wie z. B. auf den Stand in der Klassengemeinschaft oder die Reaktionen der Mitlernenden auf das problematische Verhalten eines Kindes etc. Auch die emotionalen Reaktionen der Fallgeberin und ihr Verhältnis zu einzelnen Personen kann von Interesse sein. Die Nachfragen sollten sich jedoch auf solche Aspekte beschränken, die zum Verständnis der Situation wirklich notwendig erscheinen. Es geht keinesfalls darum, jeden noch so kleinen Aspekt zu erfassen und das gesamte Feld genau auszuleuchten, sondern darum, allen Teilnehmenden der Fallberatung ein Verständnis der dargestellten Situation zu ermöglichen.

Die Leitung hat die Aufgabe, darauf zu achten, dass es bei kurzen Nachfragen bleibt.

Das Bedürfnis, Lösungen anzubieten, tritt in dieser Phase erfahrungsgemäß in Form von Pseudofragen zutage, wie: „Meinst du nicht auch, man sollte …?" oder „Hast du schon einmal darüber nachgedacht, dass …?" Solche Pseudofragen laden zu Diskussionen ein und können die Struktur der Fallberatung sprengen, wenn die Leitung nicht eingreift. Wie schon in der Blitzlichtrunde sollte sie darum bitten, die Lösungsvorschläge zurückzustellen und zum gegebenen Zeitpunkt einzubringen.

Aufgrund der Nachfragen wird der Bericht von Frau Schumacher u. a. durch die Information ergänzt, dass Sophie leistungsmäßig eine gut durchschnittliche Schülerin sei. Nachfragen zur familiären Situation ergeben, dass Sophie Einzelkind sei und momentan mit ihrer Mutter alleine lebe, da die Eltern auf Initiative des Vaters sich für eine unbestimmte Zeit „auf Probe" getrennt hätten. Sophies Mutter leide darunter, habe aber den Wunsch ihres Mannes notgedrungen akzeptiert und hoffe auf eine gute Entwicklung.

6. „Ich-als-…-Runde"

Das Ziel dieser Phase ist Mehrperspektivität, d. h., es geht darum, die eingebrachte Situation aus möglichst vielen verschiedenen Perspektiven zu betrachten und verstehbar zu machen. Hierzu versetzen sich die Teilnehmer in alle möglichen mit dem Fall in Beziehung stehenden Personen und imaginieren deren Gedanken und Gefühle. Dies kann wie ein Brainstorming ablaufen, in dem alle Teilnehmer ihren Assoziationen freien Lauf lassen und diese in den Raum stellen, z. B.: „Ich als Vater bin völlig überfordert", „Ich als Mutter wünsche mir Unterstützung durch meinen Mann", „Ich als Schülerin fühle mich abgeschoben", „Mir als Schüler gefällt es sehr gut, dass sich jetzt alle Sorgen machen" etc.

Es ist aber auch denkbar, diese Phase strukturierter durchzuführen und zuerst alle Assoziationen zu einer Person abzufragen, ehe man zur nächsten Person übergeht. Unserer Erfahrung nach ist die erste Variation dynamischer, da sie auch Reaktionen auf interaktionale Phänomene zulässt.

Es ist dabei nicht wichtig, ob die geäußerten Gedanken und Gefühle exakt der Realität entsprechen. Es kommt vielmehr darauf an, eventuell so oder ähnlich gelagerte Gedanken und Gefühle möglichst vieler an der Situation Beteiligter in den Blick zu nehmen und damit das Spektrum der Perspektiven auf die Situation zu erweitern. Ein Merkmal der als problematisch und belastend empfundenen Situationen ist es, dass sich die Perspektive auf die Situation immer mehr verengt und dadurch mehr und mehr Aspekte aus dem Blickfeld geraten. Aus diesem Grund sind die in dieser Phase erfahrenen Perspektivwechsel für die Fallgeberin erfahrungsgemäß äußerst fruchtbar und erhellend. Es ist dabei entlastend, sich als Fallgeberin selber nicht an der „Ich-als-…-Runde" aktiv zu beteiligen, sondern nur zuzuhören, die Aussagen der anderen auf sich wirken zu lassen und die eigenen Reaktionen darauf zu beobachten. Es empfiehlt sich, mit dem Stuhl einen halben Meter aus dem Kreis der übrigen Teilnehmer herauszurücken, um damit die passive Beobachterposition auch räumlich zu verdeutlichen.

Neben vielen Äußerungen aus der Perspektive der Mitschüler und der Fachlehrerinnen von Sophie werden zahlreiche Aussagen formuliert, die den häuslichen Kontext betreffen, z. B.: „Ich als Sophies Mutter wünsche mir, dass mein Mann wieder zu mir zurückkommt", „Ich als Sophies Vater habe einerseits Sophie gegenüber ein schlechtes Gewissen, andererseits kann und will ich momentan nicht mit meiner Frau zusammen sein", „Ich als Sophie wünsche mir, dass mein Papa wieder zu uns kommt", „Ich als Sophie mache mir Sorgen um meine Mutter, sehe, wie sie leidet", „Ich als Sophie habe im Moment keinen Kopf für die Schule".

7. Reaktionen der Fallgeberin/des Fallgebers

Am Ende der „Ich-als-...-Runde" verlässt die Fallgeberin wieder ihre Beobachterposition und wird aufgefordert, ihre Reaktionen auf das, was sie in dieser Runde gehört hat, zu schildern. Was davon war ihr vertraut, was hat Gedanken oder Gefühle gespiegelt, die sie selbst schon hatte? Welche Aspekte waren neu und worauf hat sie in besonderer Weise zustimmend oder ablehnend reagiert?

Oftmals sind gerade solche Reaktionen, die bei ihr Widerspruch auslösen, besonders interessant, da sie bisher verdrängte Aspekte eigener Beteiligung beinhalten können.

Das Beratungsanliegen kann sich durch diese Erfahrungen spezifizieren oder verändern. „Ich möchte wissen, ob ich mit den Eltern ein Gespräch führen soll" kann sich z. B. verwandeln in „Ich möchte wissen, wie ich den Vorwürfen der Eltern entgegentreten kann". Die Leitung fragt daher noch einmal nach, inwieweit das ursprüngliche Anliegen noch stimmt, und es wird gegebenenfalls neu formuliert.

Die „Ich-als-...-Runde" bringt für Frau Schumacher durch die angebotenen Perspektivwechsel entscheidende Impulse. Sie formuliert, dass ihr die Äußerungen, die sich auf den schulischen Kontext bezogen, im Wesentlichen vertraut sind. Die Äußerungen, die sich auf die familiäre Situation bezogen, haben ihr jedoch eine völlig neue Perspektive eröffnet. Sie versteht Sophies Fernbleiben von der Schule nun als Sorge um ihre Mutter und als Appell an die Eltern, ihre Beziehung zu klären und ihr als Kind wieder einen verlässlichen Halt zu geben. Frau Schumacher wird klar, dass die schulische Situation für Sophies Fernbleiben vom Unterricht wahrscheinlich gar keine Rolle spielt und somit eine Veränderung der schulischen Situation auch kaum zur Lösung des Problems beitragen kann.

Als Folge dieser neuen Sichtweise modifiziert Frau Schumacher ihr Beratungsanliegen. Sie stellt nicht mehr das schulische Handlungsfeld in den Mittelpunkt. Vielmehr möchte sie herausfinden, wie sie mit den Eltern sprechen und welche Empfehlungen sie diesen geben kann, damit sich die Situation für Sophie so entspannt, dass sie wieder regelmäßig zur Schule gehen kann.

8. Auf der Suche nach Lösungen

Das Anliegen der Fallgeberin ist der Kompass für die Suche nach Lösungen. Es beschreibt das Ziel, das die Fallgeberin mithilfe des Kollegiums in dieser Sitzung erreichen will. Die Teilnehmer der Fallberatung haben in dieser Phase die Aufgabe, möglichst viele und facettenreiche Antworten auf die Frage zu finden, wie dieses Ziel erreicht werden könnte. Sie sollten auch solche Lösungsvorschläge äußern, die ihnen spontan einfallen und auf den ersten Blick als etwas gewagt oder abwegig erscheinen. Es geht in dieser Phase weniger um die Diskussion darüber, welcher Weg am schnellsten und sichersten zum Ziel führt, sondern um die Erweiterung des Blicks in möglichst viele verschiedene Richtungen. Der Fallgeberin soll so ein Ideenpool zur Verfügung gestellt werden, aus dem sie schöpfen kann.

Die Entscheidung darüber, welche der Ideen im vorliegenden Fall die größte Relevanz für die Praxis haben, obliegt im nächsten Schritt ohnehin alleine der Fallgeberin. Welche der Ideen diese später auswählt, richtet sich nach ihrer persönlichen Einschätzung der Situation, ihren individuellen Möglichkeiten und Vorlieben.

Auch in dieser Phase der Fallberatung hat es sich als entlastend erwiesen, dass die Fallgeberin zumindest zu Beginn der Phase in eine Beobachterperspektive wechselt, dem Gespräch über mögliche Lösungsideen nur zuhört und von den anderen Lehrkräften dabei auch nicht angesprochen wird. Dies macht es ihr möglich, die einzelnen Vorschläge in Ruhe aufzunehmen, ohne sofort darauf reagieren zu müssen.

Eine andere Variante besteht darin, dass die Teilnehmenden ihre Vorschläge auf Karten aufschreiben, der Reihe nach vorlesen und die Aufzeichnungen der Fallgeberin zur Verfügung stellen.

9. Handlungsplan

Die Fallgeberin wägt schließlich die verschiedenen Lösungsvorschläge ab. Entweder entwickelt sie spontan einen Plan für die weitere Vorgehensweise oder sie skizziert mögliche Handlungsalternativen, die sie später noch einmal durchdenken wird. Sind mehrere der Teilnehmenden an der Umsetzung der weiteren Maßnahmen beteiligt, kann an dieser Stelle auch eine Einigung über das weitere Vorgehen erfolgen bzw. können Absprachen getroffen werden.

Nachdem einige Lösungsideen durch das Kollegium formuliert wurden, entwickelt Frau Schumacher folgenden Handlungsplan: Sie möchte in den nächsten Tagen ein Gespräch mit den Eltern führen und ihnen die erarbeiteten Hypothesen aufzeigen. Sie möchte den Eltern empfehlen, sich an einen Schulpsychologischen Dienst oder eine Erziehungsberatungsstelle zu wenden, um dort ihre Beziehung zu klären. Sophie gegenüber sollten sie deutlich machen, dass sie als Eltern immer beide für sie da sein werden. Um Sophie die elterliche Präsenz auch jetzt schon sichtbar zu machen, könnte der Vater morgens zu seiner Frau fahren, um Sophie gemeinsam mit seiner Frau nachdrücklich aufzufordern, zur Schule zu gehen.

10. Reflexion

Abschließend erfolgt eine kurze Auswertung der Fallberatung. Die Fallgeberin gibt eine Rückmeldung darüber, inwieweit die Beratung ihr in Bezug auf das zu Beginn formulierte Anliegen hilfreich sein konnte. Die Teilnehmenden haben zudem die Möglichkeit, eigene Befindlichkeiten und Erfahrungen zu benennen, die während der Fallarbeit keinen Raum gefunden haben. Oftmals formulieren die Teilnehmenden an dieser Stelle auch, inwieweit ihnen die Fallberatung geholfen hat, ähnlich gelagerte eigene Problemsituationen in Zukunft lösen zu wollen.

In der nächsten Sitzung der Fallberatungsgruppe kann Frau Schumacher berichten, dass ihr Handlungsplan zum Erfolg geführt hat. Die Eltern zeigten sich im Gespräch betroffen und bereit, die angebotenen Ideen umzusetzen. Zur großen Überraschung von Frau Schumacher – sie hatte durchaus auch Bedenken – reagiert Sophie auf die Handlungen ihrer Eltern mit regelmäßigem Schulbesuch. Der Schulpsychologische Dienst bot Sophie begleitend unterstützende Gespräche an, die sie gerne annahm. Die Eltern wandten sich an eine Erziehungsberatungsstelle, um ihre Beziehung zu klären und eine mögliche Trennung so zu gestalten, dass ihr Kind weniger stark belastet wird.

9.7 Leitfaden kollegiale Fallberatung (nach Caesar)

1. Klärungen
Zeitumfang, Pausen
Wer leitet? Wer berichtet?

2. Fallbericht
Problemschilderung
Beteiligte, bisherige Maßnahmen

3. Anliegen klären
Konkreten Auftrag formulieren
Ziele klären (keine abstrakten Allgemeinformulierungen, Was wäre ein gutes Ergebnis?)

4. Blitzlicht-Runde
Kurze Eindrücke (Gedanken, Gefühle) zum Bericht
Wichtig: keine Wertungen, keinen eigenen Fall eröffnen, keine Lösungsvorschläge

5. Erweiterung des Fallberichts
Ergänzende Fragen zum besseren Verständnis
Wichtig: keine Wertungen, keinen eigenen Fall eröffnen, keine Lösungsvorschläge

6. „Ich-als-…-Runde"
Hineinversetzen in die am Fallgeschehen beteiligten Personen:
„Ich als … empfinde, denke, wünsche mir …"

7. Reaktionen der Person, die den Fall eingebracht hat (FG)
Was war mir eher vertraut? Was war mir eher fremd?
Stimmt mein Beratungsanliegen noch?

8. Auf der Suche nach Lösungen
Mündliche oder schriftliche Vorschläge, einzeln, gemeinsam, mit oder ohne FG

9. Handlungsplan
FG wägt Lösungsvorschläge ab und entwickelt eine persönliche Vorgehensweise oder eine Vorgehensweise, die das Team mit trägt.

10. Reflexion
Rückblick und Auswertung der kollegialen Fallarbeit
Maß der Annäherung an die Zielvorstellungen (vgl. Regel 3 und 7).

10 Vorlagen

10.1 Techniken der Gesprächsführung

Gesprächsblocker

Gesprächsblocker sind Verhaltensweisen im Gespräch, die dazu beitragen, dass eine Person, die mit diesen Verhaltensweisen konfrontiert wird, zunehmend weniger motiviert ist, das Gespräch weiterzuführen. Die wichtigsten verbalen Gesprächsblocker sind (in Anlehnung an Weisbach-Sonne-Neubacher 2013, 133 ff.):

- **Befehlen**
  „Benimm dich!", „Sei nicht so faul!", „Streng dich mehr an!", „Du könntest mal etwas mehr lernen!", „Setz dich mehr durch!"
- **Ursachen aufzeigen, Hintergründe deuten, „in die Schublade stecken"**
  „Du bist doch nur zu faul dazu.", „Das liegt nur daran, dass du deiner Schwester nichts zutraust.", „Wer so wenig Sport treibt, kann nicht abnehmen.", „Gib zu, das ist doch nur eine Ausrede."
- **Herunterspielen**
  „Das ist doch nicht so schlimm.", „Probleme hat jeder mal, das gibt sich schon wieder.", „Das ist doch kein Weltuntergang …"
- **Ausfragen (im Gegensatz zum Nachfragen)**
  Als Ausfragen wirken alle Fragen, die vom eigentlichen Anliegen des Ratsuchenden wegführen:
  „Ich verstehe in Mathematik nichts." – „Wie viele Stunden Mathematik habt ihr pro Woche?", „Was haben denn die anderen für Noten?"
- **Direkt Vorschläge und Lösungen anbieten**
  „Ich verstehe in Mathematik nichts." – „Dann solltest du mal mit den leichten Aufgaben anfangen."
  „Ich habe schon alles versucht." – „Dann musst du Nachhilfe nehmen."
  „Das ist zu teuer." – „Du kannst doch selber Nachhilfe in Englisch geben."
- **Vorwürfe machen**
  „Das hättest du dir doch denken können.", „Warum hast du nicht vorher gelernt?", „Du weißt ganz genau, dass du mich hättest fragen müssen.", „Wozu hast du eigentlich deinen Kopf?"
- **Bewerten**
  „Ich finde, dass du mehr tun solltest.", „Wenn Sie ihr Kind so erziehen, dann finde ich das gut.", „Diese Ausrede ist ja nun wirklich albern.", „Damit kommst du keinen Schritt weiter."
- **Von sich selbst reden**
  „In meiner 8. Klasse geht es drunter und drüber." – „In meiner 7. Klasse erst, da ist es ganz schlimm. Wenn ich die Klasse betrete, …"

„Ich habe in Englisch eine 5." – „Ich kann auch kein Englisch. Ich kann mir einfach die Vokabeln nicht merken. Das liegt in meiner Familie…"

- **Überreden**

  „Nun komm schon, gib dir einen Ruck. Du wirst sehen, wie gut das tut.", „Sieh doch mal die Chancen, die sich dir eröffnen, wenn du Abitur machst …", „Du würdest deinen Eltern viel Freude bereiten, wenn du …"

- **Warnen, Drohen**

  „Wenn du nicht bald anfängst zu arbeiten, dann hast du keine Chance auf den Abschluss.", „Du wirst schon sehen, was du davon hast.", „Wenn du das nicht willst, so ist das deine Sache, aber komm hinterher nicht und beschwere dich, wenn …"

- **Gegenbehauptungen aufstellen**

  „Das kann nicht sein …", „Das kann ich mir nicht vorstellen.", „In der anderen Klasse war das aber ganz anders.", „Die anderen haben das aber ganz anders dargestellt."

- **Lebensweisheiten zum Besten geben**

  „Es ist noch kein Meister vom Himmel gefallen.", „Das ist die Pubertät.", „Das könnte ja jeder sagen.", „Lehrjahre sind keine Herrenjahre."

- **Verspotten, Nicht-ernst-nehmen, Ironisieren**

  „Das hat sich der Herr Schüler aber gut ausgedacht.", „Da muss ich mir wohl Gedanken darüber machen, inwieweit das deinen hohen Ansprüchen gerecht wird.", „Das ist wohl zu viel verlangt von dir?"

Gesprächsförderer

Gesprächsförderer sind Verhaltensweisen im Gespräch, die das Gegenüber dazu ermuntern, sich zu öffnen und Vertrauen zu fassen. Sie unterstützen das Gegenüber darin, die eigene Sichtweise oder das eigene Anliegen zu klären und zum Ausdruck zu bringen. Die wichtigsten verbalen Förderer sind (in Anlehnung an Weisbach-Sonne-Neubacher 2013, 159 ff.):

- **Wiederholen, Umschreiben**
  Aussage des Gegenübers wird in eigenen Worten umschrieben, was beim Zuhörenden angekommen ist. Hierdurch zeigt sich, dass bzw. inwieweit Sie ihr gegenüber verstanden haben. „Ich weiß nicht mehr was ich machen soll, den neuen Mathematiklehrer verstehe ich einfach nicht. Wenn das so weitergeht, bleibe ich sitzen." – „Du kommst mit dem neuen Mathematiklehrer nicht klar und hast Angst, dass du die Versetzung nicht schaffst?"

- **Einschränkende Wiederholung**
  Wollen Sie vermeiden, die Aussage zu wiederholen, da Sie befürchten, dass sich der geäußerte Standpunkt dadurch verfestigen könnte, so fügen Sie eine Einschränkung ein: „Momentan schaffst du es nicht, mit deinem neuen Mathematiklehrer klar zu kommen.", „Zurzeit (bisher, gerade, jetzt …) hast du Schwierigkeiten im Fach Mathematik."

- **Zusammenfassen**
  Spricht jemand sehr lange, verliert dabei den roten Faden und dreht sich im Kreis, so hilft es, das Gehörte zusammenzufassen, also eine gekürzte Wiederholung anzubieten. Hierdurch erfolgt eine Konzentration auf das Wesentliche.

- **Klären, auf den Punkt bringen**
  Bei ausschweifenden und aufgeregten Schilderungen versuchen Sie, zu verstehen, was für Ihr Gegenüber genau die wesentliche Aussage ist und diese zu formulieren. Treffen Sie das Wesentliche, so wird Ihr Gegenüber Ihnen erleichtert zustimmen, da Sie helfen, die eigenen Gedanken und Gefühle zu ordnen. Ansonsten wird er versuchen, Ihnen deutlich zu machen, worin das für ihn Wesentliche liegt.

- **Nachfragen**
  „Meine Englischlehrerin ist irgendwie autoritär." – „Ich kann mir noch nicht richtig vorstellen, wie das ist. Kannst du mir das bitte einmal genauer erklären oder ein Beispiel geben?"

- **Weiterführen, Denkanstöße geben**
  „Am Wochenende wollte ich für die Mathematikklausur üben. Heute hat mich aber mein Freund zu einem Segeltörn eingeladen. Ich weiß gar nicht, was ich jetzt machen soll." – „Ich frage mich gerade, wie wichtig die Klausur für dich ist."

- **Gefühle verbalisieren**
  „Ich hatte mich so auf den Klassenausflug gefreut. Und jetzt wurde er abgesagt, weil sich ein paar Idioten aus unserer Klasse daneben benommen haben." – „Ich kann mir vorstellen, dass du ganz schön wütend auf deine Mitschüler bist."

- **In-Beziehung-Setzen**
  Wenn jemand in sich widersprüchliche Aussagen macht, können Sie diese ordnen, indem Sie die beiden Aspekte verdeutlichen: „Einerseits findest du den Lehrer nett, andererseits bist du der Ansicht, dass er zu viel von dir verlangt.", „Teils fühlst du dich wohl in der Klasse, teils unwohl."

Beispiele lösungsorientierter Fragen

Fragen zur Gesprächsklärung
- „Angenommen, du kannst am Ende dieses Gesprächs sagen: ‚Das Gespräch hat mir geholfen.' – Was genau muss dann in diesem Gespräch passieren, was darf nicht passieren?"
- „Was könnte ein gutes Ergebnis dieses Gesprächs sein?"

Zielfragen
- „Was kannst du stattdessen tun?" (positiv)
- „Wie wirst du es tun?" (prozesshaft)
- „Wenn du einen Punkt auf der Skala besser geworden bist, woran wirst du das merken? – Was wirst du dann anders machen?" (hier und jetzt)
- „Was genau wirst du tun?" (spezifisch)
- „Was wirst du tun?" (im eigenen Kontrollbereich)
- „Wie schätzt du die Wahrscheinlichkeit ein, dass du …?"
- „Wann denkst du, bist du soweit, dass du deine Hausaufgaben …?"
- „Wie stark ist deine Hoffnung, dass du das schaffst?"

Fragen nach Ausnahmen
- „Wann hast du dich einmal ganz toll konzentrieren können?" – „In welchem Fach ist das anders?"
- „Wann ist mehr …, wann ist weniger …?", „Was machst du, wenn es besser ist?"
- „Wie hast du es damals geschafft, eine gute Note in Englisch zu haben?"

Skalierungsfragen
- „Auf einer Skala von 0 bis 10 bedeutet 0, dass gar nichts gelingt. 10 bedeutet: du hast das Ziel erreicht. Wo stehst du momentan?"
- „Angenommen, du bist in einer Woche um einen Skalenpunkt gestiegen. Was ist dann anders? Wie hast du das dann geschafft?"
- „Was muss passieren, damit du auf den Skalenpunkt 4 steigst?"
- „Woran könnte deine Lehrerin sehen, dass du dich um einen Punkt verbessert hast?"
- „Auf einer Skala von 0 bis 100: Für wie realistisch hältst du es, dass du deinen Plan umsetzen kannst?"

Hypothetische Fragen
- „Was meinst du, würde passieren, wenn …?"
- „Stell dir einmal vor, dein Vater hätte die Situation beobachtet. Was meinst du, was er dazu sagen würde?"
- Auf die Schüleraussage „Weiß ich nicht" hin: „Rate doch mal" oder „Spekulier einfach einmal" oder „Stell dir doch einfach mal vor, du wüsstest es, was würdest du dann sagen?"

Wunderfrage
- „Angenommen es geschieht diese Nacht ein Wunder – während du schläfst. Aber weil du geschlafen hast, hast du gar nicht bemerkt, dass das Wunder geschehen ist. Bis du morgens früh in die Schule kommst. Woran würdest du dann erkennen, dass das Problem gelöst ist? ... Woran noch? ..."
- „Was wirst du genau tun, wenn das Problem nicht mehr da ist?"
- „Wer wird es als Erstes merken, dass das Problem verschwunden ist?", „Woran wird er es merken?"

Bewältigungsfragen
- „Bisher bist du immer versetzt worden. Wie hast du das geschafft?"
- „Wie oft hast du beim Fußball schon die rote Karte bekommen? – Noch nie? – Wie schaffst du es auf dem Platz, dich an die Regeln zu halten?"
- „Wie hast du es im letzten Jahr geschafft, dass du ...?"
- „Was hat dir geholfen bei ...?"

„Verschlimmerungsfragen"
- „Was müsstest du tun, damit alles noch schlechter wird. Wer sonst müsste dazu was tun?"
- „Stell dir vor, du wärst mein Trainer und solltest mir beibringen, wie ich es machen könnte, genauso wütend zu werden wie du. Wie könnte ich das? Was müsste ich über mich denken?"
- „Was denkst du, wenn du beim Lernen sitzt und dich nicht konzentrieren kannst?"
- „Was könntest du tun, damit ihr noch mehr Streit miteinander bekommt?"

Konstruktive W-Fragen (Wo?, Wer?, Wie?, Woran?, Welche? etc.; nicht: Warum?)
- „Was hast du bisher gefunden, was dir geholfen hat?"
- „Welche Fähigkeit könnte dir helfen, auf der Skala einen Punkt höher zu kommen?"
- „Was ist seit letzter Woche besser geworden?" – „Wie hast du das geschafft?"
- „Wie kommst du zu der Annahme, dass ab morgen alles besser wird?"

Fragen nach Ressourcen
- „Wer kann dich dabei unterstützen?"
- „Wen kannst du eher nach Unterstützung fragen, deine Mutter oder deinen Vater?"
- „Wer von den Klassenkameraden ist am ehesten bereit, dir bei den Aufgaben zu helfen?" – „Wer noch?"
- „Wie hast du das eigentlich bisher alles geschafft, trotz deiner ...?"
- „Bist du eher jemand, der schnell lernt oder bist du eher fleißig?"
- „Bist du jemand, der eher langfristig plant oder gehörst du zu den Menschen, die gut arbeiten können, wenn sie unter Druck stehen?"

Kriterien für die Formulierung von Zielen (vgl. v. Schlippe, 2003, S. 211)

Kriterium	Schlüsselwort	Mögliche Formulierung einer Zielfrage	Beispiel einer Zielformulierung
1. positiv	„stattdessen"	„Was wirst du *stattdessen* tun?"	statt: „Ich will keine 5 in Mathematik." – „Ich will mich auf eine 4 verbessern."
2. prozesshaft	„wie?"	„*Wie* wirst du es tun?"	„Ich will im Mathematikunterricht aufpassen und mich am Unterricht beteiligen."
3. hier und jetzt	auf dem Weg sein	Wenn es in der nächsten Stunde schon etwas besser geworden ist, was machst du dann anders? Woran kannst du feststellen, dass es schon etwas besser ist?	„Ich habe meine Unterrichtsmaterialien dabei." „Thomas und ich reden weniger."
4. so spezifisch wie möglich	„spezifisch"	„Was *genau* wirst du tun?"	„Ich will mir ein Geodreieck besorgen."
5. im eigenen Kontrollbereich	„du!"	„Was genau wirst *du* tun?" „Wie hoch schätzt *du* die Wahrscheinlichkeit ein, dass *du* das schaffst?" „Wie stark ist deine Hoffnung, dass *du* das schaffst?"	„Ich erkläre Thomas, warum ich im Mathematikunterricht nicht mehr mit ihm reden kann."
6. in verständlicher Sprache	verständlich sprechen	„Wie würdest du selbst das ausdrücken?"	

Vorlagen

Skalierungsvorlage

— 10

— 9

— 8

— 7

— 6

— 5

— 4

— 3

— 2

— 1

— 0

„Verfähigen" – Probleme in Fähigkeiten verwandeln

Problem des Kindes: _____

_____

Damit das Problem verschwindet, muss das Kind lernen: _____

_____

Hierzu sind diese kleinen Schritte erforderlich: _____

_____

Erster Schritt mit den höchsten Aussichten auf Erfolg: _____

_____

Einstiegsformulierung für ein Gespräch: _____

_____

_____

_____

_____

Beispiel
- **Problem:** Karl ist häufig in Prügeleien auf dem Schulhof verwickelt.
- **Damit das Problem verschwindet, muss Karl lernen:** sich bei Angriffen ohne Gewalt zu verteidigen.
- **Hierzu sind diese kleinen Schritte erforderlich:** Selbstkontrolle, Selbstberuhigung, Entwickeln alternativer Handlungsmuster …
- **Der erste Schritt mit den höchsten Aussichten auf Erfolg:** z.B.: ruhig bleiben, wenn andere nicht nett zu ihm sind.
- **Einstiegsformulierung für ein Gespräch (beispielsweise mit den Eltern):** „Karl muss noch lernen, sich zu verteidigen, ohne dabei zu schlagen. Mein Kollege und ich haben überlegt, dass es momentan das Wichtigste für ihn wäre, zu lernen, wie er ruhig bleiben kann, selbst wenn andere nicht nett zu ihm sind …"

10.2 Dokumentation von Gesprächen

Dokumentation eines Gespräches

Beteiligte: ______________________________

____

____

Datum: ______________________________

Ort: ______________________________

Anlass: ______________________________

____

____

Verlauf: ______________________________

____

____

____

____

____

____

Ergebnis und Vereinbarungen: ______________________________

____

____

____

____

____

____

____

978-3-589-16046-4 | Erfolgreiche Gesprächsführung in der Schule | Birgit Palzkill, Günter Müller, Eva Schute

Liste zur Gesprächsdokumentation

Klasse _____

Datum	Name	Inhalte	Absprachen	Folgetermin	Bemerkungen

10.3 Vorbereitung von Elterngesprächen

Telefonische Einladung zum Elterngespräch

Grundsätze (vgl. Hennig/Ehinger 2006, 84)

1. Laden Sie die Eltern bzw. Erziehungsberechtigten zu einem Gespräch ein. Eltern wollen nicht einbestellt werden! Bieten Sie einen Termin an. Falls die Eltern diesen nicht wahrnehmen können, so suchen Sie gemeinsam nach einem passenden anderen Termin. Bestehen Sie jedoch darauf, dass die Eltern sich Zeit nehmen und Ihren Zeitvorstellungen entgegenkommen.
2. Betonen Sie ihr gemeinsames Interesse am Wohlergehen und Schulerfolg des Kindes.
3. Beschreiben Sie den Anlass, also z. B. das Fehlverhalten des Kindes, vermeiden Sie dabei in jedem Fall Festschreibungen und Etikettierungen („Ihr Kind ist faul!"). Beschreiben Sie vielmehr Ihre Beobachtung („Martina hat dreimal ihre Hausaufgaben nicht gemacht").
4. Betonen Sie, dass Sie rechtzeitig und bevor es größere Probleme gibt, mit den Eltern über die Verbesserung der Situation sprechen und eine Lösung suchen wollen. Hierdurch vermeiden Sie eine Dramatisierung des Problems und beruhigen die Eltern.
5. Vermeiden Sie es, am Telefon in das Gespräch einzusteigen. Verweisen Sie vielmehr darauf, dass das persönliche Gespräch gewinnbringender ist und das Thema zu wichtig, um es „nebenbei" am Telefon zu besprechen.
6. Bennen Sie immer auch positive Aspekte und Stärken des Kindes oder Jugendlichen.

Beispiel:

Mutter (alleinerziehend): „Schmitz am Telefon."

Lehrkraft: „Guten Tag Frau Schmitz, hier spricht Bach, der Englischlehrer von Marcel."

M.: „Ja, was ist los? Macht der Marcel wieder Probleme?"

L.: „Nein, so kann man das nicht sagen. Es ist nur so, dass er schon mehrfach seine Hausaufgaben nicht gemacht hat und im Unterricht immer wieder unkonzentriert wirkt. Ich befürchte deshalb, dass seine Leistungen abfallen, wenn er so weitermacht. Und wir sind ja alle daran interessiert, dass er einen guten Abschluss macht und es ihm gut geht."

M.: „Ja, natürlich."

L.: „Deshalb halte ich es für wichtig, dass wir uns einmal in Ruhe darüber Gedanken machen, wie Marcel die Situation wieder in den Griff bekommen kann. Wir hatten ja vereinbart, dass wir uns frühzeitig zusammensetzen, wenn sich ein Problem abzeichnen könnte. Ich möchte Sie deshalb zu einem Gespräch in die Schule einladen, bei dem wir das in Ruhe besprechen können. Wäre das möglich am …"

M.: „Da muss ich arbeiten."

L.: „Vielleicht geht es dann am …"

M.: „Ja, das ist möglich. Wissen Sie, ich mache mir auch in letzter Zeit Sorgen, weil Marcel sich zu Hause oft so rüpelhaft verhält …"

L.: „Ich denke, wir sollten uns am … Zeit nehmen, uns hierüber Gedanken zu machen. Wir werden dann sicherlich Ideen finden, um die Situation zu verbessern. Jetzt am Telefon scheint mir das etwas schwierig zu sein."

M.: „Ja, gut."

L.: „Dann erwarte ich Sie am …, im Besprechungsraum unserer Schule …"

Schriftliche Einladung zum Elterngespräch

_____-Schule

Schule für _____

An

_____

_____

_____

Vorlagenstraße X
XXXXX Ortshausen

Telefon   XX XX XX XX
E-Mail   xxxxxxx@xxxxxxx

Ortshausen, den _____

Sehr geehrte _____

gerne möchte ich Sie zu einem Gespräch einladen.

In der letzten Zeit ist mir aufgefallen, dass Ihr Sohn …/Ihre Tochter … seine/ihre Hausaufgaben nicht mehr regelmäßig macht / in seinen/ihren Leistungen nachgelassen hat / sich nicht mehr so gut konzentrieren kann / häufiger mit Mitschüler/innen Ärger hat / nicht mehr so gerne zur Schule kommt / häufiger gefehlt hat …

Ich möchte mit Ihnen gemeinsam besprechen, wie wir Ihren Sohn …/Ihre Tochter … unterstützen können, wieder regelmäßig seine/ihre Hausaufgaben zu machen / wieder gute Leistungen zu zeigen / sich wieder besser zu konzentrieren / sich gut mit den Mitschüler/innen zu vertragen / wieder regelmäßig zur Schule zu kommen …, damit er/sie sich in der Schule wohl fühlt und eine gute Entwicklung nimmt.

Ich schlage Ihnen als Termin Montag, den …, um … Uhr in der Schule vor. Damit wir in Ruhe eine gute Lösung finden, sollten wir uns … Minuten Zeit für das Gespräch nehmen.

Falls Sie den Termin nicht wahrnehmen können, sagen Sie mir bitte Bescheid, damit wir einen anderen Termin vereinbaren können.

Mit freundlichen Grüßen

_____

Vorbereitung eines Elterngesprächs

Zielsetzung

- Was ist mein Hauptanliegen als Lehrperson?
- Wie lautet eine gemeinsame, auch von den Eltern getragene Zielsetzung (z. B. ihr Kind soll in der Schule gut lernen können, sich wohlfühlen, in der Klasse akzeptiert sein)?
- Welches realistische Ziel ist durch das Gespräch zu erreichen?
- Diese Zielbeschreibung sollte konkret, positiv formuliert (keine Nicht-Zielsetzung) und von Ihnen selbst erreichbar sein (statt: die Eltern sollen einsehen, dass …, besser: ich möchte meine Vorstellung, Erwartung, Einschätzung den Eltern verständlich darlegen).
- Wie kann ggf. der Kontakt mit den Eltern positiv fortgeführt werden, auch wenn die Zielsetzung möglicherweise nicht erreicht wird?

Einstellung zu den Eltern

- Wie waren bisherige Gespräche mit den Eltern: positiv, vertrauensvoll und konstruktiv oder schwierig, anstrengend und destruktiv?
- Wie kann ein nochmaliger destruktiver Verlauf verhindert werden?
- Wie weit kann ich mich in die Eltern hineinversetzen?
- Was ist mir über die Lebenssituation der Eltern bekannt?
- Welche Ressourcen und Begrenzungen vermute ich bei den Eltern?

Rahmenbedingungen

- Welche Form der Einladung bzw. Gesprächsvereinbarung erscheint passend und angebracht: schriftlich, telefonisch, über das Mitteilungsheft?
- Ist allen Beteiligten transparent, worum es in dem Gespräch gehen soll, um nicht unnötige Fantasien und Befürchtungen zu erregen?
- Ist eine ausreichende Zeitdauer vereinbart, damit sich alle Beteiligten darauf einstellen können?
- Ist der Raum angenehm und dem Gesprächsanlass angemessen?
- Spiegelt die Sitzposition eine gleichwertige Beziehung wider: keine Kinderstühle, kein trennender Schreibtisch, über Eck sitzen, statt frontal gegenüber?
- Ist dafür gesorgt, dass es keine Störungen gibt?
- Sind bestimmte Formalitäten z. B. eine Dokumentation zu beachten, wie soll das Ergebnis festgehalten werden?

Information und Materialien

- Stehen für das Gesprächsthema relevante Materialien z. B. Noten, Klassenarbeiten, sonstige Leistungsnachweise, Aufzeichnungen zum Verhalten und zu besonderen Ereignissen, insbesondere auch zu positiven Erfahrungen zur Verfügung?
- Ist es wichtig und hilfreich, sich bei anderen Lehrkräften über deren Einschätzung und Erfahrung mit dem Kind zu informieren?
- Gab es schon ein Gespräch mit den Eltern und wie war das Ergebnis?

- Ist es hilfreich, sich während des Gesprächs Notizen zu machen? Liegen Blätter und Stift bereit?
- Benötige ich ggf. Materialien, mit denen ich meine Aussagen konkretisieren und visualisieren kann (vgl. Informationsgespräch)?

Eigene Befindlichkeit
- Bin ich als Lehrperson innerlich frei für das Gespräch oder bin ich noch mit anderen Themen, Ereignissen des Tages befasst?
- Kann ich ruhig und entspannt das Gespräch beginnen oder hetze ich von einem Termin zum nächsten?
- Sehe ich dem Gespräch mit Sorge und Befürchtungen entgegen oder halte ich einen positiven Verlauf für möglich?
- Worauf muss ich bei mir im Gespräch achten?

Möglichkeiten der Kommunikation
- Wie kann ich mit den Eltern verständlich sprechen?
- Sprechen die Eltern hinreichend gut deutsch oder ist ein Dolmetscher notwendig?
- Gibt es kulturelle Spezifika, die es zu berücksichtigen gilt?

Konstruktive Haltung für ein Elterngespräch

Bereitschaft zum Kontakt
- Bin ich bereit, in den Kontakt mit Eltern zu gehen, auch wenn ich bisher eher unerfreuliche Erfahrungen mit Ihnen gemacht habe?
- Kann ich Interesse für die Eltern und ihre Sichtweisen aufbringen?

Grundsätzlicher Respekt
- Kann ich die Eltern als Personen respektieren, auch wenn ich nicht alle ihre Handlungen, Erziehungsmethoden etc. billige?
- Kann ich die Leistung der Eltern für ihr Kind unter Berücksichtigung ihrer Biografie und den aktuellen Lebensumständen anerkennen und sie als die wichtigsten Personen für ihr Kind akzeptieren?

Grundsätzliches Wohlwollen
- Möchte ich im Gespräch mit den Eltern ein für das Kind förderliches Ergebnis erzielen?
- Ist mir an einer positiven Entwicklung des Kindes gelegen, auch wenn es mir in der Schule so manche Schwierigkeiten bereitet?

Anerkennen von subjektiven Wirklichkeiten
- Bin ich bereit, Meinungen und Einschätzungen der Eltern, die sich von meinen unterscheiden, als ihre Wirklichkeit anzuerkennen und in einem gemeinsamen Ergebnis zu berücksichtigen?
- Sehe ich meine Wirklichkeit nicht als alleingültige Wahrheit an?

Empathie
- Kann ich den Eltern aktiv zuhören, um ihre Sichtweise nachvollziehen zu können, auch wenn es nicht meine ist?
- Bin ich offen, auch die möglichen Hoffnungen, Ängste, Verärgerungen etc. der Eltern wahrzunehmen?

Ressourcenorientierung
- Kann ich die Eltern auch bei allen möglichen Widrigkeiten als kompetente Eltern ansehen?
- Traue ich den Eltern zu, zu einer Verbesserung der Situation ihres Kindes beitragen zu können?

Streben nach Vereinbarung
- Bin ich auch zu einem Kompromiss bereit?
- Will ich aktiv eine Vereinbarung ansteuern, auch wenn diese nur einen kleinen Verbesserungsschritt bedeutete?

Mut zur eigenen Position und Abgrenzung
- Bin ich bereit, die eigene Position den Eltern gegenüber respektvoll zu vertreten, auch wenn sie mit dieser wahrscheinlich nicht einverstanden sein werden?
- Kann ich mich ggf. auch gegenüber den Eltern abgrenzen und meinen eigenen Selbstwert schützen?

Umgang mit Beschwerden und Vorwürfen im Elterngespräch

Reaktion auf Beschwerden

- Geben Sie nicht Ihrem vielleicht ersten Impuls nach, sich zu wehren, sich so etwas nicht gefallen zu lassen, die Sache richtig zu stellen und Eltern Schuld zuzuweisen.
- Entspannen Sie sich und die Situation: bewusstes Atmen, beruhigende Selbstinstruktion, z.B.: „Ich bleibe jetzt ruhig und höre aufmerksam zu. Ich werde zu einem positiven Verlauf des Gespräches beitragen."
- Halten Sie Blickkontakt, hören Sie aktiv zu und seien Sie bereit, die Sichtweise der Eltern zu verstehen (ohne sie in allen Punkten zu teilen).
- Erscheinen Ihnen Beschwerdepunkte ungerechtfertigt, gehen Sie zunächst nicht darauf ein. Ermöglichen Sie es, den Eltern, „Dampf abzulassen".
- Verzichten Sie auf Ratschläge („Beruhigen Sie sich doch"), Gegenangriffe („Das sehen Sie aber falsch") und Bagatellisierung („So schlimm ist das doch wohl nicht").
- Wenn die Eltern die Beschwerde vorgebracht haben, fassen Sie das Gehörte mit eigenen Worten zusammen und verbalisieren Sie ggf. die von Ihnen wahrgenommene Gefühlslage der Eltern, z.B.: „Ich merke, dass Sie das sehr verärgert hat"; „Sie sind sicher sehr besorgt und möchten Ihr Kind schützen".
- Stellen Sie Ihre Sichtweise ruhig dar. Halten Sie einen Punkt der Beschwerde für gerechtfertigt, äußern Sie Ihre Absicht, hier zum Wohle des Kindes Verbesserungen anzustreben. Haben Sie zu einem anderen Punkt eine unterschiedliche Sichtweise, benennen Sie auch diese, ohne in einen Kampf darüber einzusteigen, wer recht hat. Schlagen Sie vor, beide Sichtweisen nebeneinander stehenzulassen.
- Klären Sie die Sachlage im Hinblick auf ein gemeinsames Ziel.
- Treffen Sie eine Vereinbarung.
- Vor allem: Nehmen Sie die Eltern und ihre Beschwerde ernst.

Reaktion auf Vorwürfe

- Reagieren Sie nicht mit Gegenvorwürfen und Gegenangriffen, um eine weitere Eskalation zu vermeiden.
- Setzen Sie eine Grenze, indem Sie Ihre eigene emotionale Reaktion verbalisieren, z.B.: „Ich fühle mich durch diese Äußerung persönlich angegriffen"; „Ich möchte nicht, dass Sie so mit mir sprechen/umgehen". Fordern Sie ein, die Angriffe/Vorwürfe zu unterlassen, z.B.: „Ich bin nur bereit, das Gespräch fortzusetzen, wenn Sie solche Äußerungen unterlassen."
- Erläutern Sie möglichst ruhig das eigene Verhalten in der angesprochenen Situation, ohne sich unter Rechtfertigungsdruck zu setzen.
- Wenn es Ihre emotionale Gestimmtheit zulässt, formulieren Sie Ihre Bereitschaft zu einer sachlichen Klärung.
- Stellen Sie den Sachverhalt in den Mittelpunkt.
- Sollten die Eltern ihre Angriffe fortsetzen, betonen Sie metakognitiv die Folgen für das weitere Gespräch, z.B.: „Wenn das Gespräch in dieser Form fortgesetzt wird, wird es nicht zu einer guten Lösung führen."
- Sollte auch dies nicht helfen, beenden Sie das Gespräch und erklären Ihre Bereitschaft, es wieder zu einem späteren Zeitpunkt in beruhigter und konstruktiver Form fortzusetzen.

Glossar

Aktives Zuhören

Aktives Zuhören ist eine Gesprächstechnik, die darauf abzielt, die andere Person möglichst umfassend zu verstehen. Dabei geht es um drei Ebenen: die der Beziehung, des Inhalts und der Emotionen. Auf der Beziehungsebene signalisieren Sie beim aktiven Zuhören, dass Sie sich Ihrem Gegenüber ganz zuwenden und ein offenes Ohr haben. Auf der inhaltlichen Ebene versuchen Sie, den Kern der Aussagen zu erfassen, sie sozusagen „auf den Punkt zu bringen". Darüber hinaus bemühen Sie sich, die Gefühle und Bedürfnisse wahrzunehmen und zurückzuspielen, die sich hinter einer Aussage verbergen.

Um dieses Ziel zu erreichen, benötigen Sie vor allen Dingen eine der Aufgabe entsprechende Haltung. Ihre Haltung sollte gekennzeichnet sein durch das Bestreben, sich anhand des Gesagten in die Situation des Gegenübers hineinzuversetzen, um so dessen Erleben nachvollziehen zu können. Dies setzt die Bereitschaft voraus, eigene Interessen zunächst zurückzustellen und sich ganz der Aufgabe des Verstehens zu widmen.

Aktives Zuhören schafft die Voraussetzung dafür, dass ein Mensch sich angenommen fühlt, Vertrauen entwickelt, sich im Gespräch öffnen und auf einen Entwicklungsprozess einlassen kann.

Gesprächsblocker

Als Gesprächsblocker werden solche Verhaltensweisen im Gespräch bezeichnet, die dazu beitragen, dass eine Person, die mit diesen Verhaltensweisen konfrontiert wird, zunehmend weniger motiviert ist, das Gespräch weiterzuführen.
Als verbale Gesprächsblocker wirken: Befehle, jemanden durch Deutungen „in eine Schublade stecken", herunterspielen, ausfragen, direkt Vorschläge und Lösungen anbieten, Vorwürfe machen, bewerten, von sich selbst reden, überreden, warnen und Drohen, Gegenbehauptungen aufstellen, Lebensweisheiten zum Besten geben sowie verspotten und ironisieren (siehe hierzu Weisbach, S. 131 ff. und die Vorlage im Buch und auf der CD).

Tritt eine Person mit einem Anliegen an Sie heran und erfährt als Reaktion hierauf von Ihnen einen Gesprächsblocker, so empfindet sie diesen in der Regel als Zurückweisung des eigenen Anliegens. Spätestens dann, wenn Sie sich wiederholt auf diese Weise blockierend äußern, wird sie sich dem Gespräch verschließen und sich innerlich oder äußerlich zurückziehen. Die besondere Schwierigkeit bei diesen blockierenden Verhaltensweisen besteht darin, dass sie im Alltag wie im professionellen Gespräch häufig unbewusst angewandt werden. Es erfordert gezielte Aufmerksamkeit und Sensibilität, um ein Bewusstsein dafür zu entwickeln, welche Wirkung Gesprächsblocker auf das Gegenüber haben.

Gesprächsförderer

Als Gesprächsförderer werden Verhaltensweisen im Gespräch bezeichnet, die das Gegenüber dazu ermuntern, sich zu öffnen und Vertrauen zu fassen. Sie unterstützen das Gegenüber darin, die eigene Sichtweise oder das eigene Anliegen zu klären und zum Ausdruck zu bringen.

Zu den Gesprächsförderern zählen nonverbale Verhaltensweisen wie das Kopfnicken oder das bestätigende „hmhm", während die andere Person spricht. Verbale Gesprächsförderer sind: Nachfragen, das Wiedergeben mit eigenen Worten oder das behutsame Weiterführen des Gesagten, klären, zusammenfassen, das Verbalisieren von Gefühlen und das In-Beziehung-Setzen verschiedener Aspekte des Gesagten (siehe Weisbach, S. 160 ff. und die Vorlage auf der CD). Reagieren Sie auf das Anliegen einer Person mit Gesprächsförderern, so signalisieren Sie damit Ihr Interesse an dem Gesagten sowie das Bemühen, dies zu verstehen.

Kompetenzkartendatei
Sie hat die Funktion, die Aufmerksamkeit auf Stärken und Kompetenzen von Kindern und Jugendlichen zu lenken. Es wird für jedes Mitglied einer Schulklasse eine Kompetenzkarteikarte angelegt. Hierauf werden alle Stärken, Fähigkeiten und Erfolge notiert, die im Schulalltag gerade auch jenseits des Leistungsverhaltens sichtbar werden, aber auch Interessen, die bekannt sind. Hierdurch wird mit einer unheilvollen Gewohnheit des Schul- und Arbeitsalltags gebrochen: Erfolge, Fähigkeiten und gute Arbeit sind selbstverständlich, Misserfolge, Probleme und Defizite sind dagegen so wichtig, dass sie „aktenkundig" gemacht werden. Gerade für leistungsschwache Kinder und Jugendliche stellt die starke Notenzentrierung des Unterrichtsalltags eine Quelle der Frustration dar, die unter anderem zu Störverhalten beitragen kann. Wenn Lernende sich als „ganze Menschen mit Stärken und Schwächen" gesehen fühlen, sind sie wahrscheinlich eher bereit, am eigenen Verhalten zu arbeiten. Dazu ist es z.B. nützlich, sich die Kompetenzkarten vor einem Kritikgespräch anzusehen.

Lösungsorientierte Fragen
Fragen stellen ein Kernstück der lösungsorientierten Gesprächsführung dar (siehe hierzu v. Schlippe/Schweitzer 2003). Mithilfe von **Zielfragen, Fragen nach Ausnahmen** (Situationen, in denen das Problem nicht auftritt) und Fragen nach Bewältigungsstrategien, die früher einmal geholfen haben, werden Unterschiede zur momentanen Problemsituation, andere Sichtweisen auf ein Problem sowie Lösungsansätze in den Blick genommen. Eine besondere Rolle kommt den **Hypothetischen Fragen** zu. Sie führen gedanklich aus der Problemsituation heraus und regen dazu an, sich mit Schritten hin zu einer möglichen Lösung zu beschäftigen. Ein Spezialfall der hypothetischen Frage ist die sogenannte **Wunderfrage,** bei der mit der Fantasie gearbeitet wird, dass sich das Problem durch ein Wunder über Nacht aufgelöst hat. Zu allen Frageformen finden Sie beispielhafte Formulierungen in den Gesprächsleitfäden sowie den entsprechenden Vorlagen im Buch sowie auf der beiliegenden CD. Zahlreiche Übungen zu lösungsorientierten Fragetechniken finden Sie in den Büchern von Schmitz (2002) sowie Bamberger (2005).

Reframing
Das Reframing ist eine zentrale Gesprächstechnik der lösungsorientierten Gesprächsführung. Ins Deutsche übersetzt bedeutet der Begriff „in einen anderen Rahmen setzen". Sinnvoll erscheint der Einsatz des Reframings immer dann, wenn in der Beschreibung einer Person eine defizitorientierte Betrachtungsweise zum Ausdruck kommt. Beispielsweise beinhaltet die Aussage „Die Schülerin ist faul" die Gefahr einer Festschreibung, indem sie wie eine sich-selbsterfüllende Prophezeiung wirkt. Sie verleitet dazu, nur noch Aspekte der Schülerin wahrzunehmen, die diese Einschätzung bestätigen. Zudem besteht die Gefahr, dass die Schülerin selbst ihr Verhalten zunehmend diesen negativen Erwartungen anpassen wird. Durch Reframing werden demgegenüber andere Aspekte in den Fokus gerückt. So könnte man über die Schülerin alternativ sagen: „Die Schülerin vermeidet unnötige Anstrengungen und weiß, sich auszuruhen." Dies ändert vermutlich nichts an der Einschätzung, dass der Einsatz der Schülerin momentan zu gering ist und sie mehr arbeiten müsste, um schulische Ziele zu erreichen. Doch durch eine solche Beschreibung wird eine Kompetenz der Schülerin ausgedrückt, auf deren Basis sich Veränderungen in eine positive Richtung leichter einleiten lassen. Es geht nicht mehr darum, Faulheit als ein vermeintliches Persön-

lichkeitsmerkmal zu bekämpfen, sondern lediglich darum, die Einschätzung darüber, wie viel Aufwand notwendig ist, zu korrigieren. Die Fähigkeit der Schülerin zu dieser Änderung wird hierdurch ebenso betont wie deren Verantwortung.

Die Technik des Reframings bedarf einiger Übung. Sehr hilfreich ist hierbei die Erstellung eines → **Wertequadrats**. Ausgehend von einer zunächst negativen Beschreibung wechseln Sie dabei, nachdem Sie ein vollständiges Wertequadrat erstellt haben, von den unteren negativ konnotierten Begriffen in den oberen positiv konnotierten Bereich. Eine andere Möglichkeit des Reframings besteht darin, sich zu einem negativ bewerteten Verhalten einen Kontext einfallen zu lassen, in dem das gezeigte Verhalten sinnvoll ist. So wären die zu dem Label „faul" führenden Verhaltensweisen im Kontext eines Entspannungstrainings vermutlich sehr angemessen. Und schließlich könnte man, wie in diesem Beispiel geschehen, unterstellen, dass jemand eine Entscheidungskompetenz bezüglich der eigenen Verhaltensweisen zeigt.

Ressourcenorientierung

Eine ressourcenorientierte Haltung ist ein zentraler Aspekt lösungsorientierter Beratung. Der Fokussierung auf die Ressourcen liegt die Annahme zugrunde, dass ein ressourcenvoller Zustand die beste Voraussetzung für die Einleitung möglicher Veränderungsprozesse darstellt und die Handlungsmöglichkeiten dadurch erweitert und gestärkt werden. Dies gelingt Ihnen umso besser, je mehr Sie die Aufmerksamkeit konsequent auf Fähigkeiten, Stärken und positive Aspekte des Verhaltens lenken. Gesprächstechniken wie → **Lösungsorientierte Fragen** oder das → **Reframing** dienen explizit diesem Zweck. Auch die Technik der → **Skalierung** kann in diesem Sinne eingesetzt werden. Wenn ein Schüler sich beispielsweise auf dem Weg zu einem Ziel auf 5 einstuft, fokussiert die Frage, was dazu beiträgt, dass er sich schon bei 5 einstufen kann und nicht bei 0 auf seine Ressourcen.

Skalierung

Bei der Technik der Skalierung laden Sie Ihr Gegenüber dazu ein, eine Einschätzung über eine bestimmte Situation zu geben, indem auf einer Skala mit den Polen 0 und 10 eine Zahl markiert wird. Die 0 könnte beispielsweise bedeuten „Ich habe überhaupt keine Idee, was ich tun soll", während die 10 in der gleichen Situation für „Jetzt weiß ich ganz genau, was ich tun werde" steht. Dadurch, dass ein Schüler seine derzeitige Position auf der Skala einschätzt, erhalten Sie einen Einblick in seine subjektive Konstruktion der Situation und haben zugleich die Möglichkeit, mit dieser zu arbeiten. Sie könnten z. B. fragen: „Was müsste passieren, damit du einen Punkt auf der Skala nach oben wanderst?" Der Vorteil dieser Herangehensweise besteht darin, dass der Schüler dazu angehalten wird, sich von der uns im allgemeinen sehr vertrauten Sichtweise des Schwarz-Weiß-Denkens bzw. „geht" oder „geht nicht" zu lösen und stattdessen in Abstufungen zu denken. Auf diese Weise können Zwischenziele in den Blick genommen und Überlegungen dazu angestellt werden, wie diese erreichbar wären. Alternativ könnten Sie auch danach fragen, was passieren müsste, um einen Punkt nach unten zu wandern. Durch diese „Verschlimmerungsfrage" könnte z. B. deutlich werden, durch welche Verhaltensweisen der Schüler selbst oder welche anderen Faktoren dazu beitragen, dass das gewünschte Ziel nicht erreicht wird. Die Skalierung bietet darüber hinaus die Möglichkeit, Entwicklungen vor Augen zu führen: „Bei unserem letzten Treffen standest du bei X, wie würdest du dich jetzt einstufen?" Ausgehend von der entsprechenden Rückmeldung können Sie dann herausarbeiten, was dazu beigetragen hat, dass sich die Einschätzung verbessert oder verschlechtert hat. Auf diese Weise erhalten Sie Informationen über Bedingungen für das Gelingen oder Faktoren, die der Zielerreichung entgegenstehen.

Insgesamt bieten Skalierungen eine Vielfalt an Beratungsmöglichkeiten, die Ihnen einerseits „diagnostische" Informationen liefern und andererseits im Sinne einer Intervention dazu beitragen, die Gestaltungsmöglichkeiten und somit die Eigenverantwortung von Kindern und Jugendlichen zu fördern.

„Verfähigen" von Problemen

„Verfähigen" meint, unerwünschtes oder problematisches Verhalten unter der Perspektive von fehlenden Fähigkeiten zu beschreiben. Diesem Vorgehen liegt die Annahme zugrunde, dass jedem unerwünschten Verhalten eine noch nicht ausreichend erworbene Fähigkeit zugrunde liegt, die es zu erlernen gilt. Die Leitfrage lautet: „Was muss das Kind lernen, damit das Problem verschwindet?" Schlägt ein Schüler beispielsweise seine Mitschüler, so hat er möglicherweise noch nicht gelernt, sich angemessen zu verteidigen. Die Formulierung dieser zu erlernenden Fähigkeit erlaubt Ihnen eine alternative, kooperative Ansprache, die den Zugang zum Gesprächspartner in der Regel sehr erleichtert. Statt Eltern beispielsweise damit zu konfrontieren, dass ihr Kind andere häufig schlägt und mit ihnen über dieses negative Verhalten zu sprechen, können Sie direkt zu der Frage kommen, wie das Kind lernen kann, mehr Selbstkontrolle zu entwickeln und ruhig zu bleiben, selbst wenn andere nicht nett zu ihm sind. Die zu erlernende Fähigkeit wird dabei positiv formuliert. Wenn noch weitere Fähigkeiten erlernt werden müssen, so ist es hilfreich, eine Liste der noch fehlenden Fähigkeiten zu erstellen und mit einer möglichst einfach zu erlernenden anzufangen. Hierdurch vermeiden Sie Frustrationen und Misserfolge. Aus dem gleichen Grund sollten komplexere Probleme in kleinere Einheiten zerlegt werden, die das Kind bewältigen kann und somit ein Erfolgserlebnis wahrscheinlicher machen (vgl. Furman 2012).

Wertequadrat

Das Werte- und Entwicklungsquadrat (Schulz von Thun 1981, 38 ff.) hat sich als ein gedankliches Werkzeug bewährt, um auch in schwierigen Situationen eine wertschätzende und konstruktive Haltung zu entwickeln. Es basiert auf der Annahme, dass jeder Wert/jedes positive Persönlichkeitsmerkmal/jede Tugend nur dann ihre Wirkung entfalten kann, wenn sie in Balance zu ihrem Gegenwert, ihrer „Schwestertugend" steht. So hat beispielsweise die Sparsamkeit eine ausgleichende Kraft in der Großzügigkeit. Beide stehen in einem hilfreichen Spannungsverhältnis zueinander, denn wenn es die Gegenkraft der Großzügigkeit nicht gäbe, bestünde die Gefahr, dass die Sparsamkeit zum Geiz verkommen würde. Der Geiz stellt also eine Übersteigerung der Sparsamkeit in einen in der Regel negativ bewerteten Pol dar. Andererseits gibt es auch eine negative Übersteigerung der Großzügigkeit, die Verschwendungssucht.

Als Wertequadrat bezeichnet man die „Vierheit" von Begriffen, die sich zu jedem Wert auf diese Weise bilden lassen, wobei die beiden positiven Gegenwerte oben und die zugehörigen Übersteigerungen unten zu stehen kommen:

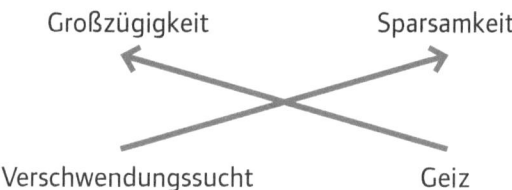

Im Kontext von Gesprächsführung und Beratung ist das Wertequadrat in zweierlei Hinsicht hilfreich. Einerseits kann es dazu dienen, einen wertschätzenden Sprachgebrauch zu kultivieren, indem es dazu anregt, die Kommunikation in den Begrifflichkeiten des oberen Quadratbereichs zu führen. Statt mein Gegenüber als „geizig" zu bezeichnen, hieße dies, von extremer oder übertriebener Sparsamkeit zu sprechen, was der Beziehung sicherlich zuträglicher ist.

Der zweite Aspekt besteht darin, dass das Wertequadrat eine positive Entwicklungsrichtung aufzeigt. Ist jemand übertrieben sparsam, so läge eine positive Entwicklung darin, sich in Richtung von mehr Großzügigkeit zu bewegen. Anstatt ihm also Geiz vorzuwerfen, könnten Sie ihm die Vorteile der Großzügigkeit vor Augen führen, was ihn vermutlich eher zu einer gewünschten Verhaltensänderung motiviert und die Wahrscheinlichkeit eines konstruktiven Gesprächsverlaufs erhöht.

Zielklarheit

Es ist einfacher, eine problematische Situation zu verändern, wenn klar ist, in welche Richtung es gehen soll. In diesem Sinne haben Ziele die Funktion, eine Richtung zu weisen und Orientierung zu geben. Dies ist eher dann möglich, wenn Sie Ziele nicht als weit entfernte langfristige Visionen ansehen, sondern eher Perspektiven beschreiben, die kurzfristig erreichbar scheinen. Gerade für Kinder und Jugendliche ist es darüber hinaus wichtig, dass Ziele nicht statisch sind, sondern immer wieder verändert werden können. Für die Suche nach Zielen und deren Formulierung haben sich in der Praxis folgende sechs Kriterien bewährt (siehe v. Schlippe 2003, S. 211): 1. positiv formuliert („Was kannst du stattdessen tun?"); 2. prozesshaft („Wie wirst du es tun?"); 3. hier und jetzt („Wenn du einen Punkt auf der Skala besser geworden bist, woran wirst du das merken?"); 4. So spezifisch wie möglich („Was genau wirst du tun?"); 5. Im eigenen Kontrollbereich („Was wirst du tun?"); 6. In verständlicher Sprache.

Zirkuläres Fragen

Zirkuläres Fragen trägt der grundlegenden systemischen Sichtweise Rechnung, dass jegliches Verhalten kontextabhängig ist, und dass dieser Kontext zu einem großen Teil aus dem sozialen Umfeld besteht. Durch zirkuläre Fragen erhalten Sie Informationen über die Beziehung anderer Personen zueinander. Wird beispielsweise eine Schülerin zur Beratung zu Ihnen geschickt, ohne ein eigenes Interesse an einer Beratung zu haben, können Sie diese fragen, was passieren müsste, damit sie nicht wieder von ihrem Lehrer zu Ihnen geschickt wird. Auf diese Weise können Sie etwas über die Sichtweise des beteiligten Lehrers erfahren, wenn dieser nicht anwesend ist. Auch wenn die Sichtweise des Lehrers von ihm selbst vermutlich anders dargestellt würde, bietet die Information doch einen Ansatzpunkt für die weitere Beratung.

Zirkuläre Fragen können des Weiteren eingesetzt werden, wenn es einer Schülerin z. B. schwer fällt, sich selbst auf einer Skala einzustufen. In diesem Fall könnten Sie beispielsweise fragen: „Was glaubst du, würde dein Mitschüler (deine Lehrerin / deine Mutter / dein Freund) sagen? Wo würde er dich einstufen?"

Literatur

Beratung und lösungsorientierte Gesprächsführung

Bachmair, Sabine et al. (1999): Beraten will gelernt sein. Ein Praktisches Lehrbuch für Anfänger und Fortgeschrittene. Weinheim und Basel.

Bambacher, Günter G. (2005): Lösungsorientierte Beratung. Praxishandbuch. Weinheim und Basel.

Furman, Ben (2012): Ich schaffs! Spielerisch und praktisch Lösungen mit Kindern finden. Heidelberg.

Henning, Claudius / Ehinger, Wolfgang (2006): Das Elterngespräch in der Schule. Von der Konfrontation zur Kooperation. Donauwörth.

Meidinger, Hermann (2000): Stärke durch Offenheit. Berlin.

Palmowski, Winfried (2002): Der Anstoß des Steines. Dortmund.

Palzkill, Birgit / Pohl, Frank G. / Scheffel, Heidi (2020): Diversität im Klassenzimmer. Geschlechtliche und sexuelle Vielfalt in Schule und Unterricht. Kopiervorlagen. Mitarbeit: Baginski, Judith; Müller, Günter. Cornelsen Verlag, Berlin.

Prior, Manfred (2002): MiniMax-Interventionen – 15 minimale Interventionen mit maximaler Wirkung. Heidelberg.

Prior, Manfred et al. (2012): MiniMax für Lehrer. Weinheim und Basel.

Reiche, St. / Sanders, Mario (2002): Bündnis für Bildung und Erziehung. Leitfaden für eine bessere Zusammenarbeit. Ministerium für Bildung, Jugend und Sport des Landes Brandenburg.

Schlippe, Arist von / Schweitzer, Jochen (1996): Lehrbuch der systemischen Therapie und Beratung. Göttingen.

Schmitz, Lilo (2002): Lösungsorientierte Gesprächsführung. Übungen und Bausteine für Hochschule, Ausbildung & kollegiale Lerngruppe. Dortmund.

Schulz von Thun, Friedemann (2001): Miteinander reden 1–3. Reinbek.

Weisbach, Christian-R. / Sonne-Neubacher, Petra (2013): Professionelle Gesprächsführung. München.

Mediation und Streitschlichtung

Walker, Jamie (Hrsg.) (2001): Mediation in der Schule. Berlin.

Jefferys-Duden, Karin (2002): Konfliktlösung und Streitschlichtung. Weinheim und Basel.

Kaeding, Peer (2005): Mediation in Schulen verankern. Weinheim und Basel.

Kontakt

Fortbildungsanfragen unter
Institut für Schulberatung
schule.beratung@t-online.de